VERLAG DER
300

HANS M. FEHER

DIE UNAUTORISIERTE BIOGRAFIE

SAHRA WAGENKNECHT

DIE ROTE DIVA

VERLAG DER 300

Hans M. Feher
Sahra Wagenknecht –
Die rote Diva
1. Auflage, Berlin 2023

Gedruckt in der EU
ISBN 978-3-910596-49-8

Verlag der 300 GmbH
Prenzlauer Allee 36 g
10405 Berlin

www.verlag-der-300.de
Preis: 14,90 Euro

Inhalt

Vorwort

Wer ist Sahra Wagenknecht? Und wenn ja, wieviele?

Sahra Wagenknecht ist die Sphinx unter den Politikern. Sie birgt ein Geheimnis. Und dieser Eindruck nimmt mit fortschreitenden Alter keineswegs ab. Im Gegenteil. Als Mittfünfzigerin, wo Hollywood-Stars oft in Nebenrollen abgeschoben werden, gerät sie ins Zentrum medialer Aufmerksamkeit. Vielen erscheint sie als Hoffnungsträger. Politische Gegner bieten ihr Zusammenarbeit auf »Querfront«-Basis an, während die Parteigenossen der Linken sie hassen. Aber gleichgültig lässt sie kaum einen. Kritiker rechnen Wagenknecht angebliche Widersprüche vor. Viele davon halten einer genaueren Betrachtung nicht stand. Interessanter ist dagegen die Erforschung, wie ihre zahlreiche Facetten und scheinbaren Antagonismen in der Tiefe ihres Charakters miteinander verwoben sind.

Bekannte sich Goethes Faust noch zu zwei Seelen in seiner Brust, wirkt das seit dem 20. Jahrhundert allzu bescheiden. Nach Psychoanalyse,

Neurobiologie und dem Tod des Subjekts in der Postmoderne müssen Biografen sich an der Schriftstellerin Virginia Woolf orientieren: Die hielt eine Biografie erst für gelungen, wenn sie mindestens zehn Gesichter einer Person erfasse.

Für ein Sahra Wagenknecht-Porträt heißt das: In welchem Assoziations-Kosmos bewegt sich ihr Denken, Fühlen und Handeln? Welche Vorstellungen, Bilder und Annahmen ziehen sich als rote Fäden durch ihre Existenz? Es gilt zu zeigen, dass gerade die politische Kämpferin, die rationale Ökonomin ohne »Irrationalismen«, ohne Visionen und Mythen nicht zu begreifen ist. Ihr Sozialismus ist ein Arkadien, ein Märchenland. Ihre politischen Ideale sind weitreichend durch Literatur, Kunst und Philosophie beeinflusst. Goethe hat sie mehr geprägt als Marx. Und die Auswahl ihrer Liebhaber verrät mehr über sie als die Lektüre ihrer Bücher. Der Mensch ist, was er isst, hat Brecht postuliert. Wagenknecht wurde beim Hummer-Schlemmen ertappt. Was heißt das für eine Kommunistin?

Als Person des öffentlichen Lebens, deren Äußerungen non-stop fotografiert, gefilmt, mitgeschnitten und protokolliert werden, ist sie Kunstfigur, Medienphänomen und Bestandteil einer virtuellen Welt. So präsentierte sie sich in einer Fotoserie als Frida Kahlo oder im Karnevals-TV als Prinzessin Leia aus *Star Wars*. Ihre Auftritte sind genau choreographiert, sie ist immer perfekt gestylt und geschminkt – mehr Coco Chanel als Rosa Luxemburg. Bilder, die ihre politische Linie auf den symbolischen Punkt bringen, die tiefer wirken als die entstellende Polemik ihrer Gegner.

Noch ein Wort zur Person des Autors: Der Name auf dem Buchcover ist ein Pseudonym. Ich komme aus Nordrhein-Westfalen und trat als 25-Jähriger 1998 in die PDS ein – wegen Sahra Wagenknecht. Als sie damals in NRW Wahlkampf machte, folgte ich ihren Auftritten, hing an ihren Lippen. 20 Jahre blieb ich Mitglied und Funktionär auf lokaler Ebene – bis ich 2018 von der Fahne ging. Auch das hatte mit ihr zu tun, wie ich zeigen werde. Aus dieser aktiven Zeit habe ich noch viele Verbindungen in ihr Umfeld, die mir beim Schreiben dieser Biografie nützlich waren. Überdies habe ich fleißig Dokumente und Zeitungsartikel über sie gesammelt und natürlich alles verschlungen, was von ihr kam. Ich habe wahrscheinlich ein größeres Wagenknecht-Archiv als das Karl-Liebknecht-Haus...

Besonders jetzt, wo sie eine eigenen Partei gründet, vielleicht über Kurs und Werdegang dieses Landes mitentscheiden wird, ist die Frage nach ihrer Person wichtiger denn je. Bringt sie den Sozialismus zurück – oder bietet sie sich der AfD zur Kooperation an? Wer wissen will, wohin Wagenknecht geht, muss im Blick haben, woher sie kommt. Meine – natürlich nicht autorisierte – Biografie zeichnet ihre Wege nach ... und ihre Abwege.

I. Kindheit und Jugend

Kampfkunst im Klassenzimmer

»Bist du eine Asiatin?«
Die genervte Antwort: »Ja...«
Gelächter! Asiatin! Chinesin! Haha. Und fett ist sie auch noch. Eine dicke Chinesin. Hahaha. Aber das Asian-Girl zeigt Kampfkunst. Schlägt auf die Spötter ein. Auf die gackernden Blödsäcke. Prügelt sich durch. Jahrelang. Ihr Wahlspruch: »Vielleicht mögen die [Mitschülerinnen] hübscher sein, weil sie blonde Zöpfchen haben. Aber die sind alle doof!« Dieses kleine Mädchen heißt Sahra. Ihr Vater stammt aus dem Iran. Weshalb sie ein wenig »anders« ausschaut als durchschnittliche Grundschüler. Irgendwie asiatisch. Resultat: täglicher Rassenkrieg. Der lehrt sie früh, wie man sich schlägt, sich gegen eine blökende Mehrheit behauptet. Heute bezeichnet man solche Spötteleien als Bodyshaming und Rassismus. Aber Mitte der 1970er war der Prenzlauer Berg noch kein Hipster-Zoo, kein Nationalpark für freilaufende BoBos. Hier wohnte die Unterschicht.

Arbeiter, die keine Wohnung in den Stalinbauten der Frankfurter Allee oder in einer Lichtenberger Platte erhielten. Die Versorgung mit Strom und Wasser war nicht gesichert. Bald hielt die Punk-Bohème ihren Einzug, beglückte mit Krach-Konzerten die verfallenen, mit Unkraut überwachsenen Hinterhöfe und Brachen. Die Straßen sahen kaum anders aus: bröcklige Fassaden, vor denen zwei, drei Autos parkten. Willkommen in der Kindheit von Sahra Wagenknecht. Als Exotin im Ostberliner Armenviertel hat sie nur drei Optionen. Erstens: Sie wird selber Bestandteil der Katastrophe. Zweitens: Sie prügelt sich hoch und vergisst ihre Herkunft. Drittens: Sie schafft es nach oben, verdrängt aber nicht die Vergangenheit, sondern kämpft für Verbesserung. Letzteres ist selten, letzteres tat Sahra Wagenknecht. Dazu braucht die Psyche freilich ein zweites Standbein. Eines, das nicht von Frust verpestet ist. Und das besaß sie: die Welt der Märchen. Die hatte sie schon früh, bereits als Zweijährige entdeckt.

Rückblende. Ende der Sechziger: Während die Mutter ihr Ökonomie-Studium in Ost-Berlin startete, wohnte die kleine Sahra bei den Großeltern in Göschwitz, einer 400-Seelen-Gemeinde bei Jena. Eine Welt zwischen Vorstadt und Dorf. Die böte den meisten Kindern optimale Spielflächen. Jedoch nicht für Sahra. Zwar buddelte sie auch in Sandkästen, verbrachte aber die meiste Zeit im Haus. Verkupplungsversuche mit anderen Kindern scheiterten regelmäßig. Nur eine Freundin, vier Jahre älter, fand Gnade. Dieses Absondern war einerseits durch Krankheiten bedingt, die Sahra regelmäßig durchlitt. Aber nicht nur. Ihre Welt war eine andere: Am liebsten lauschte sie den Großeltern, wenn sie aus der Märchenwelt der Gebrüder Grimm, Hans Christian Andersens oder aus *1001 Nacht* vorlasen. Zum Glück besaß Jena mehrere Kinderbibliotheken. Dort lagerte der Stoff, aus dem Sahras Träume waren: »Bibliotheken waren für mich etwas wie für andere Kinder die Süßwarenabteilung im Supermarkt: ein Ort, an dem es unheimlich viel Schönes zu entdecken gibt.« Selbst DEFA-Märchenfilme oder das abendliche *Sandmännchen* konnten die Lektüre nicht ersetzen. Wörter, ob gesprochen oder geschrieben, waren ihre Schlüssel zur Zauberwelt.

Aber die Märchenpassion führte zu einem Problem: Die relativ jungen Großeltern mussten täglich zur Arbeit – die Oma als Verkäuferin, der Opa bei Carl Zeiss. Wer sollte da vorlesen? Und ein Schulbesuch kam erst ab dem sechsten Lebensjahr in Frage. Viel zu lange. So ging das nicht. Also überredete die Vierjährige ihre Großeltern, sie in die Kunst des Lesens einzuweisen. Ohnehin war sie extrem lern- und wissbegierig. Ein Grund, die Abschiebung in eine Kinderkrippe zu verweigern. Die Beschäftigungstherapien der Tagesstätten waren für sie eine Unterforderung. Zudem musste sie mit Hänseleien ihrer Altersgenossen rechnen. Sämtliche Versuche der Mutter, ihre Tochter in einer solchen Einrichtung abzustellen, wurden mit Terror beantwortet: Fight for your Right, auch wenn du ein Kind bist. Nach einer Probewoche kapitulierte die Mutter regelmäßig.

Sahra ahnte früh, dass die Welt mit Außenseitern kein Erbarmen kennt. Da gibt es nur ein Gegenmittel: Sich nicht von ihrem Urteil abhängig machen! Es galt, ein eigenes Fundament zu schaffen. Eines, das dem Druck der Außenwelt standhielt: Die Welt der Literatur und der Kunst. Dort lagen Inspiration und Bestätigung. Davon zehrt Sahra Wagenknecht bis heute. Wie sonst wäre es zu ertragen, wenn geistig Fünftrangige innerhalb und außerhalb der Linken sie ausgrenzen, diskriminieren, rufmorden, ihr Schokotorten ins Gesicht drücken oder hysterische Mainstream-Medien ihr Kontaktschuld vorwerfen? Die wiederholen lediglich das Gebrüll der Mitschüler. Als inzwischen 54-Jährige wird sie im *Emma*-Interview gestehen: »Ich kann es aushalten, wenn ich Außenseiterin bin. Aber es ist nicht das, was ich mir wünsche.«

Aber nicht nur die Außenwelt war gefährlich. Auch die Mutter verdiente kein Vertraucn. Zumindest nicht in einem Punkt: Sahras Vater, ein Iraner, war verschwunden. Was, wenn die Mutter sich einen zweiten Mann angeln und mit ihm blonde Kinder zeugen würde? Dann wäre sie in derselben Situation wie in der Schule – eine dunkelhaarige Außenseiterin... Wenn aber aus allen Richtung Ausschluss und Zurückweisung droht, wie kann man sich dann noch schützen? Introvertiertheit, Rückzug in eigene Welten reichen nicht aus! Ein gewisses Erkalten, ein Wille zum Eis ist unumgänglich. So avancierte Andersens *Schneekönigin* zu ihrem Lieblingsmärchen.

Die Schneekönigin

Da sich die Kenntnis des Märchens nicht voraussetzen lässt, hier eine kurze Zusammenfassung: Es war einmal ein »pessimistischer« Spiegel, der zeigte alles Schöne verschwindend klein und alles Schlimme riesengroß. Wer hinein schaute, dessen Weltbild verdunkelte sich. Als der Spiegel zerbrach, spritzten seine Scherben zahlreichen Menschen ins Auge oder gar ins Herz. Dann war Schluss mit »positivem Denken«: Die Getroffenen sahen nur noch Schlimmes, Irres und Hässliches. Einem kleinen Jungen namens Kay dringen die Scherben sowohl ins Auge wie ins Herz. Letzteres erstarrt zu Eis. Ab sofort findet er Rosen hässlich, seine Freundin Gerda ätzend, rebelliert gegen alles und jeden und treibt sich mit Straßenjungen herum (man könnte auch sagen: Er kommt in die Pubertät). Im Winter durchfährt die prächtige Schneekönigin in ihrem Schlitten die Ortschaft. Kay springt auf, die Königin packt den Trittbrettfahrer und entführt ihn in ihren Eispalast. Ein Kuss von ihr bringt ihn in Todesnähe. Wie ein Zombie vegetiert er in dem kalten Prachtbau.

Im Frühjahr macht sich Gerda auf die Suche nach dem verschollenen Freund. Nach einer langen und abenteuerlichen Odyssee gelangt das Mädchen endlich zum Schloss der Schneekönigin. Sie durchläuft hunderte leerer Eissäle, durchflutet vom kalten Nordlicht. Endlich findet sie Kay. Der Zombiefizierte merkt nicht, dass er vor Kälte bereits schwarz gefroren ist. Aus Eisplatten versucht er das Wort »Ewigkeit« zu puzzeln. Denn: Nur wenn ihm dies gelänge, würde die Eiskönigin ihn freilassen – was aber der Splitter in seinem Auge verhindert. Als Gerda ihn antrifft, erkennt er sie nicht. Das Mädchen bricht in heiße Tränen aus. Die lassen Kays vereistes Herz schmelzen. Der Junge erkennt sie, seine Emotionen kehren zurück. Auch ihm fließen Tränen, lassen den Eissplitter in seinem Auge tauen. Jetzt kann er das Wort »Ewigkeit« legen. Gerda »küsste seine Wangen, und sie wurden blühend; sie küsste seine Augen, und sie leuchteten gleich den ihren; sie küsste seine Hände und Füße, und er war gesund und munter. Die Schneekönigin mochte nun nach Hause kommen, sein Freibrief stand da mit glänzenden Eisstücken geschrieben«. Das Abenteuer erwies sich als Initiation: »Da saßen sie beide, erwachsen und doch Kinder, Kinder im Herzen; und es war Sommer, warmer, wohltuender Sommer.«

Was aber hat die kleine Sahra während der siebziger Jahre an diesem Märchen so gepackt? Ihre Antwort: das Auftauen des Eises. Das verwundert nicht. Denn die Flucht ins Gefrorene ist von extremer Ambivalenz. Ja, Erstarrung bietet Schutz. Wagenknecht später im Interview mit Alice Schwarzer: »Ich hatte ja schon auch Verletzungen erfahren. Und an dem vereisten Kay im Eispalast prallte alles ab.« Trotzdem ersehnt man das Auftauen, die Rückkehr in den emotionalen Fluss. Christian Schneider, ein früherer Wagenknecht-Biograf, erklärte: »Hinter ihrer vermeintlichen Härte steht Mitgefühl, ja Mitleid. Die wirkliche Härte liegt in ihrer Fähigkeit zu analytischer Präzision, sie bildet den Kern ihres intellektuellen Lebens.« Das galt auch für die politische Situation jener Jahre, den Kalten Krieg, den vereisten Fronten zwischen Ost und West. Und das gilt auch für den zweiten, den heißen Kalten Krieg ab anno 2022. Wagenknecht, inzwischen in den Fünfzigern, gehört zu den wenigen Politikern, die dieses Eis auftauen, in den Dialogfluss zurückkehren wollen. Und darüber hinaus gegen soziale Kälte kämpfen.

Der iranische Vater

Wir halten fest: Zwei Faktoren sorgten für Sahras frühes Außenseitertum: ihr Wissensdurst, ihr Interesse an Literatur sowie ihr exotisches Äußeres, die Erbschaft des Vaters. Was wissen wir über ihn? Dass er als iranischer Schulabsolvent ins Westberlin der späten Sechziger kam. Berufsziel: Ingenieur. Dass er sich dort als Schah-Gegner politisierte. Und dass er 1967 über den Checkpoint Charlie am Übergang Friedrichstraße nach Ost-Berlin fuhr. Dort, auf der anderen Seite der Mauer, schlug sein Schicksal zu. Er sah eine junge Frau, die auf ihre Freundin wartete. Er war wie gebannt. Weitergehen? Gar weglaufen? Unmöglich. Also umschlich er die Unbekannte. Dann endlich der Vorstoß: Er sprach sie an. Und ja, der Frau schien es zu gefallen. Man ging gemeinsam Kaffee trinken. Sie entstammte einem Dorf in der Nähe von Jena, hoffte auf einen Studienplatz in Ost-Berlin. Ihr Wunschfach: Kunst. Und falls das nicht klappen sollte: Ökonomie. Ein Doppelinteresse, dass die Tochter erben sollte. Beide verliebten sich. Ihn im Westen besuchen? Konnte sie nicht. Aber er durfte mit einem 24-Stunden-Visum jederzeit in die DDR. Also vollzog sich das Liebesdrama komplett in Ost-Berliner Kulissen.

Aber auch im Westteil ging es heiß her: Der Schah von Persien kam im Mai/Juni 1967 auf

Staatsbesuch nach Deutschland und sprach mit Bundeskanzler Kurt Georg Kiesinger über bilaterale Handelsbeziehung und den sowjetischen Einfluss im Nahen Osten. Schon im Vorfeld hatten iranische Exil-Studenten via Hungerstreik gegen die Menschenrechtspolitik des Monarchen protestiert. Der in Berlin lebende Autor Bahman Nirumand, Migründer der internationalen Konföderation Iranischer Studenten CISNU, sprach im Audimax der FU. AStA und Kommune 1 riefen zu Protestkundgebungen auf. Rudi Dutschke assoziierte den Freiheitskampf der Iraner mit Vietnam. Am 2. Juni war es soweit. Pünktlich zum Besuch des Schahs demonstrierten Studenten vor dem Rathaus Schöneberg, wo Anhänger des Monarchen, sogenannte »Jubelperser«, mit Stöcken, Holzlatten und Stahlrohren auf sie eindroschen – und die westdeutsche Polizei ließ sie gewähren.

Am selben Abend versammelten sich 2.000 Demonstranten vor der Deutschen Oper. Das persische Herrscherpaar, Bundespräsident Heinrich Lübke und der Regierende Bürgermeister Berlins, Heinrich Albertz, besuchten eine Aufführung der *Zauberflöte*. Polizeitruppen und

Absperrgitter hatten den Musentempel umstellt. Sprechchöre riefen »Schah, Schah, Scharlatan« oder »Schah-SA-SS«, Eier und Tomaten flogen. Anhänger des Monarchen provozierten ihrerseits. Die Sicherheitsbeamten zerrten einzelne Demonstranten heraus, drohten und prügelten. Bald flogen Tränengasgranaten. Auch der Student Benno Ohnesorg, durch Nirumands Aufklärungsrede und Schriften aktiviert, wurde an diesem Abend erschossen – von einem Zivilpolizisten aus anderthalb Metern Entfernung (erst Jahrzehnte später erfuhr man, dass der Todesschütze auch für die DDR-Stasi arbeitete). Eine brutale Liquidierung. Manche Politiker reichten den Schwarzen Peter an die Demonstranten weiter: Sie hätten Freiheit und Demokratie an diesem Abend missbraucht. Springer-Medien stellten sich bedingungslos auf die Seite von Politik und Exekutive. Aber der Funke war gezündet, die Eskalation nicht mehr aufzuhalten, der Zug zur Studentenrevolte abgefahren.

So geschah 1967 auf beiden Seiten der Mauer deutsch-iranische Geschichte. Sahra Wagenknechts Vater war zweifach beteiligt: Am Westberliner Kampf für ein Persien ohne Schah – und im Osten der Stadt durch die Liebesbeziehung mit der Mutter einer der später wichtigsten Politikerinnen Deutschlands. Als die Tochter am 16. Juli 1969 in Jena zur Welt kam, standen zwei Namen zur Option: Sahra oder Rosa. Ob die zweite Option auf Rosa Luxemburg verweisen sollte, ist unklar. Jedenfalls fiel die Entscheidung zugunsten von »Sahra« aus.

Aber zur Familie wuchs das Trio nicht zusammen. Der junge Ingenieursstudent wollte zurück in den Iran, dessen Zukunft mitgestalten. Gemeinsam dorthin? Für die DDR-Bürgerin undenkbar. Also blieb es bei limitierten Zusammenkünften. Zum Glück erhielt Sahras Mutter einen Studienplatz in Ostberlin. So war die Familie bloß durch den Übergang Friedrichstraße voneinander getrennt. Laut Christian Schneider hatten Vater und Tochter ein sehr inniges Verhältnis. Selbst ständige Unterbrechungen ließen das emotionale Band nicht reißen. Auf eine Erinnerung an ihren Vater befragt, erzählt Sahra Wagenknecht, wie sie als Zweijährige auf seinen Schultern gesessen habe. Bald aber war die alleinerziehende Mutter überfordert. Das stressige Studium und die Versorgung des Kindes waren zu viel. Es wurde zu den Großeltern nach Göschwitz geschickt. Im Alter von drei Jahren sah Sahra den Vater zum letzten Mal.

Danach reiste er in den Iran und gilt seitdem als verschollen. Ein solches »Verschwinden«, so bestätigen Angehörige von Soldaten oder Entführungsopfern, ist oft schlimmer als eine Todesnachricht. Die Ungewissheit behindert Verarbeitung und Abschließen. Man mag sich in Resignation üben, sich täglich die Wahrscheinlichkeit des Todes einreden, dennoch: Irgend etwas gibt die Hoffnung nicht auf. Die Ambivalenz bleibt bestehen. Und mit ihr der Schmerz. Kleinste Erinnerungen werden zu Platzhaltern. Für Sahra Wagenknecht ist es die persische Schreibweise ihres Namens: ارهز Sahra (anstatt Sarah). Diese Variante wurde vom Osterberliner Amt nicht akzeptiert. Umso wichtiger wurde sie im Privaten. Bei einer Unterschrift markierte die Elfjährige die korrekte Stelle des »h« mit einem Pfeil. Diese Beharrlichkeit verlor sie nicht. Als sie 40 Jahre später zur Bundestagsabgeordneten aufstieg, ließ sie die amtliche Schreibweise ihres Vornamens sofort ändern. Die Stellung des »h« ist ein Stück Herkunft, ein Verweis auf den verlorenen Vater.

Ein weiterer Kompensationsversuch bestand in der Kostümierung: Als Teenager malte sie Farsi-Buchstaben auf ihren Judoanzug, lernte Persisch, sang Lieder aus des Vaters Heimat. Außerdem wollte sie seinen politischen Kampf fortführen. Als 1978 ein DDR-Besuch des Schahs angekündigt wurde, reagierte sie ganz im Sinne des Verschollenen: Wieso darf dieser Despot in ihr Heimatland einreisen? Trug dieser Monarch nicht Schuld daran, dass im Iran so viele Menschen litten? Dass sie von ihrem Vater getrennt war, ging ebenfalls auf sein Konto! Das schrie nach Vergeltung! Nach einem Attentat! Die empörte Neunjährige plante einen Anschlag auf den Staatsgast. Aber es kam anders: In Persien brach die Revolution aus, der Schah ließ den Besuch fallen und floh ins Exil. So betrog die islamische Revolution das Kind um seinen ganz persönlichen Racheakt...

Punk sei Dank

Punk im Ost-Berlin der Endsiebziger, das war keine bürgerliche Modewelle wie in der BRD. Das erinnerte mehr an den britischen Ursprung: Protest der Abgehängten. Und die gab es auch im Arbeiter- und Bauernstaat. Sven Marquard, damals Punk im Prenzlauer Berg und später Türsteher des Berghain, erinnert sich: Punk, das hieß damals: »Tu, was du willst. Und das war in einer Diktatur schon ein Stück Revolution im Kleinen.« Die Verweigerung einer geregelten Arbeit enthielt weniger Bohème-Romantik als Protest gegen eine Clique von Machthabern, die den »Bürgern vorschreibt, wie sie leben, wen sie lieben und was sie denken sollen«. Gegen einen Staat, der seine Außenseiter »weghaben will«. Also stylte man sich mit Iro-Frisur und zerfetzen Third-Hand-Klamotten, mutierte zur wandelnden Schocktherapie: »Es bedeutet eine Menge Arbeit, so auszusehen, dass andere vor einem ausspucken. Das aber adelt den echten Punk.«

Dass eine solche Bewegung auch eine Sahra Wagenknecht inspirierte, bedarf keiner Erläuterung. Endlich fand ihr Außenseitertum eine ästhetische Form, endlich fand sie ihr Rudel. Wenn auch nur kurzfristig. In dieser Zeitspanne waren kollektives Abhängen, Rauchen und Discobesuche angesagt. Nur, ihr wurde schnell langweilig. Auch traf die Punkmusik auf Dauer nicht ihren Geschmack. Schon bald zog sie es in Schulpausen vor, »mit dem neuen Walkman klassische Musik (zu) hören und mich weg(zu) träumen«. Im übrigen ist wenig über popkulturelle Interessen des Teenagers bekannt. Nur, dass Sidney Pollacks *Tootsie* (1982) ihr Lieblingsfilm gewesen ist. Sieben- oder achtmal hat sie ihn gesehen. Eine Travestie-Komödie, die das subversive Potenzial eines Außenseiters feiert: Der erfolglose Schauspieler Michael Dorsey (Dustin Hoffman) verkleidet sich als Frau, um eine weibliche Hauptrolle in einer TV-Soap zu ergattern. Tatsächlich wird er gecastet, mischt als »Dorothy« das männerdominierte Show-Business auf, enttarnt das Machogehabe der Kollegen.

In diesen Jahren, seit 1979, wohnte Sahra mit ihrer Mutter bereits in Berlin-Marzahn, am Murtzaner Ring, einer Ansammlung weiß-grauer Betonbauten: architektonischer Selbsthass, Suizidästhetik pur. In der neuen Schule eskalierten die Prügeleien mit den Klassenkameraden. Einmal wurde Sahra derart brutal gewürgt, dass sie einen Arzt aufsuchen musste. So ein Allround-Horror provoziert entweder Im- oder Explosion. Depression oder Punk. Zumindest blieb ihr materieller Mangel erspart: Als Chefin eines Konsum-Marktes genoss die Großmutter privilegierten Zugang zu Lebensmitteln und Alltagswaren. Durch Ferienjobs (Tomatenernte und Zeitungsaustragen) verdiente sich die Schülerin ein zusätzliches Taschengeld.

Von Spinoza zu Goethe

Wie schon angedeutet: Den völligen Ausstieg aus der bürgerlichen Lebensform, eine konsequente

Bejahung des Hässlichen vollzog Sahra Wagenknecht nicht. Sie blieb Außenseiterin auf Widerruf. Der letzte Cut wurde nicht vollzogen. Ihre exotische Haar- und Hautfarbe konnte sie zwar nicht ändern, den Trubel um ihr Übergewicht dagegen schon. So startete der Teenager eine radikale Diät, hungerte die Kilos runter. Nie wieder pummelig sein. Das hält sie seit über vierzig Jahren durch... Einerseits Protest, anderseits Eitelkeit – ein harter Spagat, den das Punk-Girl da durchzog. Der Zwiespalt zwischen radikaler Abgrenzung und Reintegration spiegelte sich auch in der Auswahl ihres Lesestoffs: Der erste Philosoph, den sie einer Lektüre unterzog, war ein radikaler Aussteiger, dessen Denkgebäude aber Gelassenheit und (metaphysische) Reintegration bot. Die Rede ist von Baruch de Spinoza (1632–77). Als 16-Jährige findet sie im Bücherregal der Mutter eine Ausgabe von dessen *Ethik*: »Also nahm ich meinen Mut zusammen und begann, mich durch Spinozas *Ethik* zu arbeiten. Die Wahrheit ist natürlich, dass ich es damals überhaupt nicht verstanden habe. Denn wenn man mit sechzehn ohne Vorwissen oder irgendeine Hilfestellung, plötzlich Spinoza liest, kann das eigentlich nur schiefgehen.«

Zunächst fand sie eine biografische Parallele, die im Pubertätsalter zur Identifikation einlädt: Auch Spinoza war ein intellektueller Punk. So sehr Außenseiter, dass die jüdische Gemeinde in Amsterdam den 24-Jährigen für immer verstieß. Hinzu kam, dass sein Vater aus Portugal stammte, vor der Inquisition geflohen war. Ein Migrantenkind also, dass sich – so wie Sahra – vom neuen Lebensumfeld visuell unterschied. Dieser junge Mann, ganz auf sich selbst gestellt, verstoßen und nirgendwo zugehörig, entwarf eine philosophische Fundierung des Pantheismus: Gott ist keine Person, sondern alles. Eine unendliche Substanz. Materielles und Geistiges sind nur Attribute dieses Ur-Einen. Wenn aber alles in Gott ist, bleibt auch niemand ausgeschlossen. Auf metaphysischer Ebene gibt es keine Verwerfung, kein Verworfenes. In seiner *Ethik* fordert Spinoza ein analytisches Durchschauen menschlicher Affekte, um nicht deren Sklave zu bleiben. Ziel ist eine von Leidenschaft befreite, stoische Akzeptanz des Lebens. Wobei »Akzeptanz« kein Zähneknirschen, keine geballte Faust in der Tasche, sondern eine metaphysische Bejahung, eine »geistige Gottesliebe« meint. Spinoza versorgte manchen intellektuellen Outlaw mit philosophischem Trost: Neben Goethe sind Friedrich Nietzsche, Lou Andreas-Salomé und Albert Einstein zu nennen. Der unpersönliche Gott aus der *Ethik* ist auch für Nichtgläubige akzeptabel, dürfte für die atheistisch aufgewachsene Sahra kein Problem gewesen sein.

Vor allem bot Spinozas Vita ein glaubwürdiges Vorbild: Von der jüdischen Gemeinde und der christlichen Kirche geächtet, aber von geistigen Hochkarätern wie Gottfried Wilhelm Leibniz bewundert und besucht, verdiente er seinen Lebensunterhalt als Schleifer optischer Linsen. Ein symbolisch starkes Bild: Ruhiges, kontinuierliches Bearbeiten des Glases sorgt für besseren Durchblick – ganz wie sein Denken. Was Sahra Wagenknecht außerdem fasziniert haben könnte: Bereits als Kind liebte sie die Mathematik. Je komplexer die Aufgabenstellung, desto besser. Temporär zog sie gar den Besuch einer Spezialschule in Betracht. Ihr Biograf Christian

Schneider: »Sie hat eine geradezu mathematische Genauigkeit der Gedankenführung und hasst gedankliche Schlamperei« – genau wie Spinoza. Nach dem Vorbild von Geometrielehrbüchern definiert er Grundbegriffe, Axiome, Theoreme, um anschließend – Schritt für Schritt – präzise Beweisführungen durchzuziehen.

Aber wo blieb die Faszination für das Märchen, für das Poetische, Zauberhafte? Welche Nachfolger fanden die Gebrüder Grimm und Hans Christian Andersen bei der Heranwachsenden? In der Schule stand *Faust I* auf dem Lehrplan. Nach Überwindung anfänglichen Unwillens öffnete sich der 16-Jährigen eine neue (Märchen-)Welt: Goethes Dramatisierung der Volkssage entführt den Leser in ein Fantasy-Universum. Die Story startet in einem mittelalterlichen Alchemistenlabor: Der Universalgelehrte Faust verzweifelt an der Sinn- und Erkenntnisfrage. Nach der Zurückweisung durch den Erdgeist verführt ihn Mephisto: Leg Erkenntnis, Metaphysik und Ewigkeit ad acta, lass dich auf das Leben ein. Erfahrung statt Studium. Mephisto schleppt den weltfremden Greis in eine Hexenküche, lässt ihn den

»Verjüngungstrank« schlucken. Dem folgt ein gigantischer Trip durch Raum und Zeit. Erste Stationen, existenzielle Grenzerfahrungen: Liebe, Tragik und Tod (Gretchen), das Orgiastische (Walpurgisnacht), gefolgt von Zeitreisen ins höfische Mittelalter, in die griechische Sagenwelt bis zum Beginn der Industrialisierung. Ein Weltendrama, das die *Schneekönigin* weit hinter sich ließ.

Während der Abiturzeit startete Sahra eine totale Einverleibung: Innerhalb eines Jahres lernte sie beide Teile vom *Faust* auswendig. Ja, um den Teeanger war es geschehen. Goethe wurde ihr neuer Kultautor. Sie las alles, was sie von ihm in die Finger bekam. Natürlich auch *Die Leiden des jungen Werther*, in dem er Spinozas Pantheismus in poetische Sprache adaptierte – weshalb Peter Hacks ihn zum »Spinoza der Poesie« erklärte. Auch dem Weimarer Dichterfürsten ging es um ein ganzheitliches Weltverständnis, deshalb korrespondierte er mit Top-Denkern seiner Zeit: dem deutschen Idealismus-Trio Johann Gottlieb Fichte, Georg Wilhelm Friedrich Hegel und Friedrich Wilhelm Joseph Schelling. So erhielt Sahra beim Lesen von Goethes Briefverkehr weiterführende Lektüre-Tipps. Bald las sie auch Schiller, Shakespeare und Corneille.

Aber der Teenager beließ es nicht bei purer Lektüre. Sie wollte sich mit geistreichen Menschen über ihren literarischen Popstar austauschen. Sie trat in die Goethe-Gesellschaft ein und avancierte schnell zur Berliner Ortsleiterin. Außerdem wandte sie sich an den Dichter Peter Hacks. Der begriff Goethe im Lichte von Marx und hatte die Weimarer Klassik zum Maßstab der DDR-Literatur erklärt. In seinem weltberühmten Monologdrama *Ein Gespräch im Hause Stein über den abwesenden Herrn von Goethe* (1976) erzählt die Titelheldin von ihrer zehnjährigen Beziehung mit dem Weimarer Dichter. Der ist nach Italien abgehauen und hat sie allein zurückgelassen. Auch die junge Wagenknecht sah sich als Goethe-Groupie im Kreis von Charlotte von Stein, Charlotte Buff, Bettina von Armin oder Christiane Vulpius. Eine neue Zugehörigkeit. Selbst ihre Kleidung zitierte jetzt die Mode der Goethe-Zeit. Der Teenager Sahra Wagenknecht war mehr als ein Fan. Sie war Kultistin, betrieb Goethe-Kult. Vergleichbar mit den Fans der *Rocky Horror Picture Show* (1977), wenn die kostümiert das Kino betraten, Dialoge mitsprachen und zur Leinwand-Party im Saal mittanzten. Kunstwerk und Publikum verschmolzen miteinander.

Sahra riss dabei eine zweihundertjährige Zeitmauer ein. In ihrem virtuellen Weimar war die Vergangenheit nicht bloß im Hegelschen Sinne »aufgehoben«, sondern präsent: Sie schrieb an einem Stehpult, schuf ein Geisterreich, kommunizierte mit Personen einer vergangenen Epoche, lebte in zwei Welten, die sie intellektuell verknüpfte. Diese Durchdringung beider Dimensionen besaß in ihrem Leben eine Bedeutung, die sich kaum überschätzen lässt. Ohne sie ist ein Verständnis dieser Frau unmöglich.

Goethe-Fans haben den Vorteil einer gigantischen Pilgerstädte: Weimar. Die besitzt ein Ausmaß, von dem Anhänger anderer Stars nur träumen können. Das Goethe-Haus, der Garten, die Ausstellungen, Konzerte und Vorträge boten eine perfekte Kulisse für Wagenknechts Parallelwelt. Am 28. August, Goethes Geburtstag, ist Weimar regelmäßig von Kulturtouristen und Klassik-Freaks überlaufen. Glück für die junge Sahra, dass ihre Schulferien auf diesen Monat fielen. So konnte sie sich als Aufseherin im Goethe-Haus bewerben. Dreimal erhielt sie diesen Ferien-Job. Die Arbeitsstunden wurden zu Zeitreisen: Im Stil der Goethe-Ära gekleidet, bewachte sie nicht nur die Ausstellungsstücke. Manchem Besucher bot sie private Führungen. Das gehörte nicht zu ihren Aufgaben, aber so konnte sie »ihre Welt«, ihr wahres Zuhause präsentieren. Die Anerkennung, die staunende Besucher ihrem Wissen gezollt haben, dürften ihr Bestätigung und Ego-Stärkung gewesen sein. Aber sie war mehr als eine Sachkundige, sie wurde zum Bestandteil des Museums: Einmal, als sie bewegungslos an der Wand stand, verwechselten Besucher sie mit einer historisch gekleideten Puppe aus der Goethe-Zeit. Ununterscheidbar vom Ambiente. Damit bekräftigte die Außenwelt: Sie hatte Raum und Zeit überwunden. Kraft ihrer Sehnsucht. Ein beinah faustischer Willensakt, die Welt nach eigener Vorstellung zu gestalten. Eine Mystik, die sie parallel zum dialektischen Materialismus leben sollte. Ein weiterer Beweis, dass sie »dazugehörte«: Beim Gartenfest am 28. August spielte ein Orchester auf – und Sahra durfte dem Dirigenten einen Blumenstrauß überreichen...

Vergleicht man diesen Goethe-Kult mit der Fan-Beziehungen zu Pop-Stars, stellt sich freilich die Frage: Inwieweit projizierte sie auf ihren virtuellen Goethe erotische Sehnsüchte? War sie in ihn »verliebt«? War er ihr »Schwarm«? Das lässt sich nicht eindeutig beantworten. Vielleicht hilft die Frage weiter, ob sie eher den jungen, mittleren oder alten Goethe verehrt hat. Schließlich gibt es Porträts aus allen Altersstadien. Also: Welcher Goethe erschien dem Teenager bei virtuellen Begegnungen? Der 30-Jährige? Der 50-Jährige? Oder der 80-Jährige? In Sandra Kaudelkas Dokumentarfilm *Wagenknecht* (2020) hängt ein Porträt des alten Goethe in ihrer Wohnung. Ein möglicher Hinweis darauf, dass sie in ihm eher den geistigen Vater als ein erotisches Idol gefunden hatte.

Die Goethe-Lektüre führte Sahra Wagenknecht zu gesellschaftlichen Problemstellungen. Später erzählte sie, sie fasziniere die Gegenüberstellung von Faust und Mephisto. Letzterer vertrete einen Schopenhauerischen Pessimismus, ähnlich dem Spiegel in Andersens *Schneekönigin*: Die Welt sei schlecht und nicht zu ändern. Was bleibt, ist Resignation und eine Prise Hedonismus. Dagegen steht Faust. Der glaubt an Veränderung, an »Fortschritt«, greift im *Faust II* sogar ins politische Geschehen ein, will gestalten. »Damit konnte ich mich sofort identifizieren,« erklärte sie später als engagierte Genossin. Vor allem gefiel ihr das Finale von *Faust II*, wo dem Titelhelden, »trotz aller Verbrechen, die er begangen hat«, vergeben wird, denn »Wer immer strebend sich bemüht, den können wir erlösen«, während der passive Pessimist Mephisto blamiert dasteht. Entscheidend ist der Wille zum Voranschreiten. Obwohl Goethe die destruktive Seite des aufsteigenden Industriekapitalismus erkannt hatte, reagierte er nicht mit Rückzug oder Kontemplation, sondern setzte ungebrochen auf ein Vorwärts, auf Veränderungsdynamik. Mehr noch, mit dem Weimarer Klassiker hielt die Dimension des Geschichtlichen Einzug in Sahras Denken. Eine Dimension, die es bei Spinoza noch nicht gab und sie später zu Hegel und Marx führen sollte. Fausts

Kampfgeist dürfte die junge Wagenknecht zudem an den verschollenen Vater erinnert haben: Der wollte die Schah-Diktatur überwinden und strebte eine fortschrittliche Gesellschaft an. Im Akt des Schreibens verschmolzen Goethe und ihr Vater ohnehin: Zur Erstellung eigener Notizen nutzte Sahra nämlich ein Stehpult, ganz im Stil der Goethezeit, während ihre Handschrift manche Anleihe bei der persischen Zeichensprache verriet: so die langen Bögen, die sie unter Buchstaben setzte. Last but not least hatte der Weimarer Dichterfürst im *Westöstlichen Divan* Werke des persischen Großdichters Hafis adaptiert, so dass er für eine Synthese zwischen Abend- und Morgenland steht.

Der revoltierende Vater, die Märchendichter Grimm und Andersen, der einsame Spinoza, der olympische Goethe, der Gegenwartsdichter Hacks, später noch die Geschichtsversteher Hegel und Marx: Sahras geistige Wiege ist komplett von Männern umstellt. Und im Alltagsleben? Selbst als Teenager hat sie wenig Interesse an Jungs gezeigt. Nah kam ihr nur, wer eine Erklärung anbot, was »die Welt im Innersten zusammen hält«. Ihre damalige Freundin Beate erzählte: Als ein junger Mann Sahra zum Tanzen aufforderte, entgegnete sie ihm: »Wenn du mir ein Gedicht von Goethe rezitieren kannst, dann ja«. Zwar dürfte das erotisches Desinteresse ihre – versteckt lesbische – Freundin Beate gefreut haben, verlor sie ihre Kumpanin doch nicht an irgendeinen Typen. Aber auch gegenüber ihr hielt Sahra Wagenknecht stetig Distanz. Eine Aura des Unnahbaren umgab sie.

Hegel und der Weltgeist

Es ist unklar, ob die junge Wagenknecht zuerst Hegels *Ästhetik* oder dessen *Wissenschaft der Logik* gelesen hat. Jedenfalls wiederholte sie damit die Erfahrung ihrer Spinoza-Lektüre – die Hilflosigkeit gegenüber einem hermetischen Text. Später erinnert sie sich: »Als ich das erste Mal Hegels *Logik* gelesen habe, war ich tatsächlich am Verzweifeln. Wenn keiner da ist, der einem etwas zur Hegelschen Logik sagen kann, dann ist sie kaum verständlich.« Kennt man dessen Methodik nicht, »so sollte man zum Beispiel Hegels *Geschichte der Philosophie* unbedingt vorher lesen, dann versteht man die *Logik* schon besser. Ich habe mich zunächst einmal an der *Logik* versucht, aber wenig verstanden. Der Einzige, den ich damals kannte, mit dem ich über so etwas reden konnte, war der Dramatiker Peter Hacks (...) Er hatte mir damals das Buch von Georg Lukács über Hegel empfohlen, um einen gewissen Zugang zu erhalten.«

Wie bei Spinoza stellt sich die Frage: Weshalb hat die junge Frau tausend Seiten Textmasse durchforstet, deren Bedeutung sich ihr verweigerte? Ihre Disziplin erklärt das Wie, aber nicht das Warum. Ihre spätere Behauptung, sie habe mit zwölf bereits Freud gelesen, nichts verstanden, sich aber unglaublich »erwachsen« gefühlt, erscheint bei solcher Textmasse ebenfalls nicht plausibel. Wagenknechts Anstrengung erinnert an Hannah Ahrendt, die sich als 18-Jährige durch Martin Heideggers *Sein und Zeit* kämpfte. Der Wortzauber und einige halbverstandene Sätze reichen aus, damit der junge Leser ahnt: Hier liegt Entscheidendes für das eigene Leben. Und tatsächlich: Der Einfluss solcher Lektüren ist unzerstörbar. Man hakt sie nicht ab wie tausend andere Bücher, sondern umkreist sie, wieder und wieder. Manchmal lebenslang. Auch für Sahra Wagenknecht bleibt Hegel von zentraler Bedeutung. Hier findet ihr politisches Denken ein Fundament. Eine Verwurzelung, die gegen Zeitgeist und intellektuelle Moden immunisieren sollte. Deshalb ist eine kurze Skizze dieses Denkens unumgänglich.

Hegels Philosophie entwickelte sich in Auseinandersetzung mit der zeitgenössischen Aufklärung. In deren Zentrum stand die sogenannte Vernunft. Durch deren Gebrauch könne der Mensch seine Mündigkeit erlangen, seine Autonomie gegen politische und religiöse Autoritäten verteidigen. Aber wo findet die sich? Für Immanuel Kant war die Vernunft nur im Geistigen erkennbar. Das schien Hegel zu wenig. Die Vernunft müsse auch in der sinnlichen, äußerlichen Welt anzutreffen sein. Der Denker suchte und fand sie in der Geschichte: Deren Wirklichkeit ist vernünftig – so lautet seine pointierte Formulierung... Moment! Die völlig irre Abfolge unzähliger Kriege, politischer Willkür, von blutigen Aufständen und ihrer Niederschlagung – das soll »vernünftig« sein? Natürlich wusste Hegel, dass die Geschichte eine »Schlachtbank« ist. Aber gerade die furchtbaren historischen Einbrüche bedeuten keinen Rückschritt, sondern sind Grundbedingungen des Fortschritts: Erst die Dynamik von Kriegen und Revolutionen treibt ihn voran. Der Geschichtsprozess verläuft auch in Epochen entfesselter Gewalt nicht sinnlos, denn dahinter steckt der »Weltgeist«. Dieser entwickelt sich nicht durch beständiges Erstarken des Guten, sondern gerade durch dessen Infragestellung. Goethe bringt diese Dialektik in *Faust I* auf den Punkt: Mephisto beschreibt sich darin als »Teil von jener Kraft, die stets das Böse will und stets das Gute schafft«. Im Kampf von These und Antithese siegt keine von beiden, sondern etwas Drittes, Neues entsteht: die Synthese. Das ist das Kernelement der Hegelschen Dialektik. Von Marx wurde diese Denkweise in ein materialistisches Geschichtsbild übersetzt: Indem der Kapitalismus die Bauernschaft und den Mittelstand vernichtet und alle vorher Selbständigen unter schlimmsten Bedingungen in die Fabriken presst, bringt er seinen eigenen Totengräber hervor, das Proletariat. Nicht die Kräfte des Alten besiegen die neuen Ausbeuter – sondern die Geschöpfe, die das Neue beziehungsweise dessen innerer Widerspruch überhaupt erst hervorgebracht hat. Nicht im Zurück, sondern im »Vorwärts« liegt die Hoffnung – deshalb gab die SPD 1876 auch ihrem Zentralorgan genau diesen Namen.

Menschliche Individuen sind in diesem Prozess nur Komparsen, ihre Kämpfe lediglich Mittel zum metaphysischen Zweck. Napoleon beispielsweise galt ihm als »Weltseele« (von Nachgeborenen in »Weltgeist zu Pferde« verfälscht). Tatsächlich: Obwohl der Korse als Kaiser und Imperator andere Länder unterwarf, sorgte er für die Verbreitung der Freiheitsideen der französischen Revolution. Dass die Preußen Bonaparte schließlich besiegen und aus Deutschland jagen konnten, hing nicht zuletzt damit zusammen, dass der sie mit republikanischem Geist angesteckt hatte.

Das Resultat der immer wiederkehrenden Kämpfe ist für Hegel die völlige Selbsterkenntnis: »Die Weltgeschichte zeigt nur, wie der Geist allmählich zum Bewusstsein und zum Wollen der Wahrheit kommt; es dämmert in ihm, er findet Hauptpunkte, am Ende gelangt er zum vollen Bewusstsein.« Für den Menschen bedeutet dieser Prozess ein ständiges Voranschreiten zu Vernunft und Freiheit. Marx hingegen holte die Masse aus der Komparsenrolle: Sie könne (und müsse) ihre endgültigen Emanzipation in der kommunistischen Gesellschaft, dem Endziel der geschichtlichen Entwicklung, nur selbst realisieren.

In seinen *Vorlesungen zur Geschichte der Philosophie* verwendet Hegel eine Schlangensymbolik: Der Weltgeist häutet sich regelmäßig und wird mit jeder Häutung reiner. Die vergehende, überholte Kulturepoche ist eine abgestreifte, zurückgelassene Schlangenhaut. Die lebt nicht mehr, sie muss vertrocknen. Dieser Moment der Häutung ist gekommen, wenn »der Bestand eines Volksgeistes, wie er ist, durchbrochen wird, weil er sich ausgeschöpft und ausgearbeitet hat, dass die Weltgeschichte, der Weltgeist fortgeht«.

Goethe hielt übrigens nicht viel von diesen Verabsolutierungen. Überliefert ist eine Teerunde, in der Hegel über das Wesen der Dialektik dozierte, wonach – wie im *Faust* – das Schlechte aufgrund innerer Widersprüche auch das Gute hervorbringen könne. »Wenn nur«, wandte Goethe trocken ein, »solche geistigen Künste nicht häufig gemissbraucht und dazu verwendet werden würden, um das Falsche wahr und das Wahre falsch zu machen!« »Theorien«, schrieb Goethe an anderer Stelle abfällig, »sind gewöhnlich Übereilungen eines ungeduldigen Verstandes, der die Phänomene gern los sein möchte«. Wagenknecht hielt sich mit diesem Einspruch Goethes nicht auf, vielleicht kannte sie ihn gar nicht. Sie verehrte weiter beide Götter.

Liebestragik im Roman

Wissbegierig, wie sie war, beschäftigte sich Wagenknecht auch mit weiteren Philosophen, die jedoch nicht die gleiche Wirkung auf sie hatten. Sie erinnert sich im Rückblick: »Marcuse und Adorno habe ich im Studium gelesen.« Adornos berühmter Satz »Es gibt kein richtiges Leben im falschen« sollte sogar zu ihrem Lebensmotto avancieren. Von Heidegger hielt sie nichts: »Ich fand ihn zunächst einfach düster und dann, als ich ihn verstanden habe, reaktionär.« Während des Studiums entdeckte sie den Schriftsteller Thomas Mann, vor allem dessen Roman *Doktor Faus-*

tus. Jedoch nicht allein, weil er sich an Goethes *Faust* anlehnt. Vielmehr spiegelte ihr die Hauptfigur des Adrian Leverkühn ein Lebensproblem: Um künstlerische Höchstleistungen zu erreichen, verkauft Leverkühn seine Liebesfähigkeit an Mephisto. 2017 verriet sie dem *Spiegel*: Nach der Lektüre sei sie besorgt gewesen, »irgendwann wie die Figur Adrian Leverkühn zu enden, als ein Mensch, der seine Kunst perfektioniert und dafür der Liebe und dem emotionalen Kontakt zu anderen Menschen entsagt«. Auch wenn sie ihre Menschenscheu großteils überwinden sollte: Noch 2019 bezeichnete sie Thomas Mann als ihren favorisierten Schriftsteller und Leverkühn als liebsten Romanhelden. Der teilt die Trophäe lediglich mit *Anna Karenina* von Leo Tolstoi. Darin läuft die Sache andersrum: Anna verlässt ihren Ehemann, opfert Ruf, Rang und Privilegien für ihre Liebe zu dem Offizier Graf Wronskij. Es endet in Selbstmord. Hält man beide Romane nebeneinander, fällt auf: Egal, ob sich die Protagonisten für die Liebe (Anna Karenina) oder dagegen (Adrian Leverkühn) entscheiden: Beide Wege scheitern. Dieses Interesse an Liebestragik zeigt sich auch in Wagenknechts Passion für Beethoven, ihren Lieblingsmusiker. Jedoch stehen nicht die revolutionäre Neunte Sinfonie oder der Soundtrack zu Goethes *Egmont* im Vordergrund. 2020 verriet sie: »Ich liebe Beethoven. Seine wunderbaren Sinfonien, vor allem die kraftvoll-mitreißende *Eroica*, seine melancholischen Klavierkonzerte, nicht zuletzt seine wohl berühmteste Liebeserklärung an eine bis heute unbekannte Frau: *Für Elise.*« Ihre Favoriten zeigen, dass Wagenknecht mit ihrer Rolle als unnahbare Außenseiterin keineswegs zufrieden war, dass menschliche Beziehungen für sie wichtig waren – auch wenn sie kaum darüber sprach. Was weiterhin auffällt: Ihre bevorzugten Autoren, Denker und Künstler stammen (fast) ausnahmslos aus früheren Epochen.

Vorwärts immer, rückwärts nimmer

Die Lektüre Hegelscher und Marxscher Prozessphilosophie erklärt, weshalb die junge Wagenknecht sich, trotz ihrer Kritik an SED und Staatschef Erich Honecker, als Sozialistin sah. Sie verstand eigene Einwände als konstruktiv, wollte den Sozialismus durch Kritik, durch Widerspruch, durch Antithese vorantreiben. Ihn vor dem Stillstand bewahren. Die junge Frau begriff sich als geistige Erbin der beiden Dialektiker. Das erklärt auch, weshalb sie kurz vor Zusammenbruch der DDR, als zahlreiche SED-Mitglieder das sinkende Schiff verließen, in diese Partei eintrat. Nicht durch Übernahme des westlichen Systems, sondern durch Vorantreiben des sozialistischen Ansatzes lasse sich die Krise überwinden. Ihr Hoffnungsträger ab Mitte der 1980er war zunächst Michael Gorbatschow (später änderte sich das radikal). Ihm traute sie damals eine solche Reform des Sozialismus zu. Natürlich wurde die Eigenwillige auch in dieser Hinsicht missverstanden. Seit ihrer Punk-Zeit galt sie den Lehrern als »politisch unzuverlässig«. Vorwurf: mangelnder Kollektivismus, also ihre geringe Eignung zum Herdentier. Daher musste der zweiwöchige Aufenthalt in einem »Militärlager«, den sie vor dem Abitur zu absolvieren hatte, in einer Katastrophe enden. In diesem Camp teilte sie ihr Zelt mit mehreren Schulkameradinnen. Für die Abgrenzungsbedürftige ein Alptraum. Schlimmer noch: Sie musste mit ihnen im Gleichschritt marschieren. Nur konnte sie den Takt nicht halten. Laut ihrem Biografen Schneider ein »natürliches Hindernis«. Aber die Lehrer deuteten diese Unfähigkeit als Widerstand. Resultat: Ihr Appetit schwand, sie aß nichts mehr. Das wiederum legten die Drillmeister ihr als »Hungerstreik« aus. Wagenknechts Unfähigkeit zur Anpassung führte dazu, dass man ihr trotz Einser-Abitur das Philosophiestudium verweigerte. Zuerst müsse sie lernen, im Kollektiv zu arbeiten. Man offerierte ihr eine Stelle als Sekretärin in der Humboldt-Uni. Sie nahm an, hielt es aber nur zwei Monate aus. Stattdessen erklärte sie ihre Privaträume zur Universität und eignete sich Hegel & Co. im intensiven Selbststudium an.

Auch ihre Marx-Lektüre absolvierte sie mit gewohnter Gründlichkeit: Zum 18. Geburtstag ließ sie sich die 43-bändige Marx-Engels-Gesamtausgabe schenken, die sie vollständig durcharbeitete. Nein, das ist kein Mythos: Ihre spätere Magisterarbeit *Vom Kopf auf die Füße? – Zur Hegelkritik des jungen Marx oder Das Problem einer dialektisch-materialistischen Wissenschaftsmethode* verrät hervorragende Textkenntnis. Dieser Lektüre-Kraftakt war an ein ehrgeiziges Projekt geknüpft: Sie wollte Hegel und Marx weiterschreiben, deren Analysen aktualisieren: »Ich hatte damals die Vorstellung, meine Lebensaufgabe könnte sein, ein neues philosophisches System zu entwerfen, so wie Hegel, aber für die heutige Zeit.«

Schon das ließ Schlimmes befürchten. Dazu muss man wissen: Intellektuelle, die ihren Marx zu ernst nahmen, hatten in sozialistischen Ländern keinen leichten Stand. Die Philosophen Ernst Bloch oder Georg Lukács konnten ein Lied davon singen. Dennoch ließ Wagenknecht sich nicht bremsen. Das hat ihr bei der Bewältigung sämtlicher Schikanen geholfen. Auf die Frage der

Süddeutschen Zeitung im Jahr 2020, wer aus der Schulzeit sich bei ihr entschuldigen solle, antwortete sie: »Niemand. Klar gab es Mitschüler, die mich geärgert, und Lehrer, die mir mit negativen Beurteilungen zunächst die altsprachliche Oberschule, dann fast das Abitur und schließlich den Zugang zum Studium verbaut haben. Aber letztlich bin ich ja trotzdem meinen Weg gegangen.«

Experimente lösen bei vielen Menschen Angst aus. Die treibt zum Erhalt des Status quo. Um jeden Preis. Auch in schwerster Krise. Noch im Herbst 1989 wollten zahlreiche SED-Politiker nichts von radikalen Reformvorschlägen wissen – selbst wenn der Kritiker kein »Klassenfeind« war und nicht das Ende des Sozialismus, sondern seine Verbesserung intendierte. Darin bestand das Dilemma der jungen Sahra Wagenknecht. Erst als Osteuropas Sozialismus in Scherben lag, die Berliner Mauer eingestürzt, die SED liquidiert, der Nachfolger PDS an den Start gegangen und die Zukunft Mitteldeutschlands endlich offen war, schlug ihre Stunde. Und das gleich in zweifacher Hinsicht. Zum einen: Endlich konnte sie studieren, »das war für mein Leben wahrscheinlich einer der wichtigsten Wendepunkte«. Schnell stellte sich zum anderen die Frage: Tritt die DDR der BRD bei, oder will sie ihre Souveränität behalten und einen dritten Weg versuchen – jenseits von Sozialismus und Kapitalismus? Der frischgebackene PDS-Vorsitzende Gregor Gysi forderte diesen dritten Weg und wandte sich gegen einen Anschluss, der die DDR in ein »unterentwickeltes Bundesland« mit »ungewisser sozialer Zukunft für seine Bürger« verwandeln würde. Das war für Wagenknecht keine Option. Sie wollte keinen dritten Weg, sondern den Sozialismus vorantreiben. 1995 beurteilte sie die 89er Situation so: Die Bürger wollten »die DDR nicht mehr so, wie sie war; aber sie wollten die DDR, nicht ihre Abschaffung«. Die Großdemonstrationen im Herbst 1989 hätten nicht unter der Losung einer Wiedervereinigung, sondern für eine bessere DDR stattgefunden. Gut zwanzig Jahre später räumte sie ein, die Demonstranten im Herbst hätten zwar einen besseren Sozialismus gefordert, aber die Stimmung sei im Winter umgekippt, »als aus dem Slogan "Wir sind das Volk" mehr und mehr "Wir sind ein

Volk“ wurde. Dann erst kamen auch die Deutschlandfahnen. Und dann die Wiedervereinigung.« Grund des Umkippens: Die Menschen »wollten die D-Mark. Sie konnten, nachdem die Mauer offen war, in die Kaufhäuser gehen, aber sie konnten nichts kaufen. Das war der Sog«. Man habe Arbeitslosigkeit oder soziale Unsicherheiten des Westens nicht gefürchtet, »denn das kannten sie überhaupt nicht. Um Freiheit, glaube ich, ging es nur wenigen«.

Es gab auch westlichen Einspruch gegen die Wiedervereinigung. Intellektuelle fürchteten ein neues Großdeutschland oder interpretierten – wie Günter Grass – die Zweiteilung als Strafe für Hitler (»Deutschland denken heißt Auschwitz denken«). Unter der damaligen Polit-Prominenz stach besonders Oskar Lafontaine (damals Kanzlerkandidat der SPD) als Skeptiker hervor. Zuerst hielt er eine Fusion gar für irreal. Dem *Deutschlandfunk* erzählte er von der Begegnung mit einem polnischen Kommunisten. Der sagte ihm, »die Wiedervereinigung wird kommen, und ich habe ihn sehr ungläubig angeschaut. Ich dachte, die Sowjetunion wird niemals zulassen, dass in dieser Form eine Wiedervereinigung stattfindet«. Ähnlich wie Gysi befürchtete Lafontaine, die Einheit führe den Osten ins ökonomische Desaster: »Nicht ist die Frage die, ob wir in einem Staat zusammenleben, sondern mein Kernpunkt war immer, wie geht es den Menschen in Ostdeutschland und natürlich auch in Westdeutschland, aber in erster Linie in Ostdeutschland, und ich habe darauf hingewiesen, dass die Einführung der härtesten Währung des Westens – das war die D-Mark damals – in eine Wirtschaft, die eine der schwächsten war der Industriestaaten, dass das nicht gut gehen konnte. Aber damals wurde ich nicht verstanden.« Er habe, so räumte Lafontaine im Gespräch mit der *Saarbrücker Zeitung* später ein, »die Einheitseuphorie unterschätzt, das rationale Argument schlichtweg überschätzt«.

Tatsächlich befand sich der Mainstream jener Jahre im Siegestaumel. Der ging weit über die Freude an der Wiedervereinigung hinaus. Es war nicht nur die Öffnung der Grenzen, nicht nur das Ende des Kalten Krieges, das für Begeisterung sorgte. Man glaubte sich auf der »richtigen Seite«. Das eigene System hatte gewonnen.

Der US-Politologe Francis Fukuyama brachte diesen Übermut 1991 auf die Formel: *Das Ende der Geschichte* (Original: *The End of History and the Last Man*) hieß sein Bestseller. Seine Grundthese: Die Marktwirtschaft ist globaler Sieger. In Kombination mit Demokratie wird sie sich weltweit durchsetzen und damit das Ende der Geschichte einleiten – sofern man Geschichte als Kampf politischer Systeme auffasst. Der Weltbürger der Zukunft, das ist Nietzsches Horrorvision vom »letzten Menschen«, allerdings ins Positive gewendet: Ein selbstgenügsamer Homo oeconomicus, der sich um seine privaten Belange kümmert, aber jede große Vision verloren hat. Der Schmalspur-Hedonist als Vollender der Historie. Dieser Zombie-Apokalypse hielt Wagenknecht einen Fortgang der Geschichte im Sinne Hegels und Marx entgegen. Bereits 1991, im Alter von 21 Jahren, erlangte sie eine Position, die ihrer Stimme Gewicht verlieh: Mit improvisierter Rede bewarb sie sich um einen Platz im PDS-Vorstand. Und gewann. Seitdem publizieren die Mainstream-Medien jedes ihrer Worte. Oder besser: skandalisieren sie.

II. Das schönste Gesicht des Stalinismus

Der Ritt über den Weißensee

Wagenknechts erste größere Publikation erschütterte gleich die ganze PDS: 1992 veröffentlichte sie in der Zeitschrift *Weißenseer Blätter* – ein Zirkular mit wenigen hundert Abonnenten, das von kommunistischen Christen mit Sitz im gleichnamigen Ostberliner Stadtteil herausgegeben wurde – einen Aufsatz mit dem drögen Titel: »Marxismus und Opportunismus – Kämpfe in der sozialistischen Bewegung gestern und heute«.

Der Text war im Kern eine unverhüllte Apologie des Stalinismus – und das in einer Phase, da die erst kurz vorher zur PDS umbenannte Einheitspartei ihren diesbezüglichen Schwefelgeruch loswerden wollte. Auszüge: »Nicht zu leugnen ist, dass Stalins Politik – in ihrer Ausrichtung, ihren Zielen und wohl auch in ihrer Herangehensweise – als prinzipientreue Fortführung der Leninschen gelten kann. (...) Und was immer man – berechtigt oder unberechtigt – gegen die Stalinzeit vorbringen mag, ihre Ergebnisse waren jedenfalls nicht Niedergang und Verwesung, sondern die Entwicklung eines um Jahrhunderte zurückgebliebenen Landes in eine moderne Großmacht während eines weltgeschichtlich einzigartigen Zeitraums; damit die Überwindung von Elend, Hunger, Analphabetismus, halbfeudalen Abhängigkeiten und schärfster kapitalistischer Ausbeutung; schließlich der Sieg über Hitlers Heere, die Zerschlagung des deutschen und europäischen Faschismus sowie die Ausweitung sozialistischer Gesellschaftsverhältnisse über den halben europäischen Kontinent. (...) Das in der Sowjetunion während der Stalinzeit entstandene und später von den osteuropäischen Ländern in den Grundzügen übernommene Gesellschaftsmodell ist die auf Grundlage unterentwickelter beziehungsweise zerstörter Produktivkräfte, allgemeiner Not und existentieller Gefährdung der Grundfesten des neuen Systems historisch notwendige und – soll eine bürgerliche Gegenrevolution wirksam verhindert werden – einzig mögliche Form eines realisierten Sozialismus.«

Erst wenn das Hemmnis »unterentwickelter beziehungsweise zerstörter Produktivkräfte«

überwunden sei, könne man das Stalinsche Modell hinter sich lassen, und das habe Walter Ulbricht getan, nämlich mit einer »Befreiung der Wirtschaft vom direkten Zugriff der zentralisierten Apparate« bei gleichzeitiger »Befestigung der politisch führenden Rolle der Partei«. Tatsächlich waren zu Beginn der 1960er Jahre Planvorgaben gelockert worden, während sich das politische Vorgehen gegen dissidente kulturelle Strömungen wie etwa Langhaarige oder gegen Filme wie *Spur der Steine* verschärfte. Ihrem Idol Ulbricht stellte Wagenknecht als Negativbeispiel Erich Honecker gegenüber, der nach einem ZK-Putsch 1971 an dessen Stelle trat. »Sämtliche späteren Niedergangserscheinungen lassen sich unschwer auf die in jenem Zeitraum [nach 1971] eingeleiteten Veränderungen zurückführen«, vor allem die »Umverteilung des Nationaleinkommens zugunsten der Konsumtion«: Volkswirtschaftliche Überschüsse ließ Honecker der Bevölkerung zukommen, was aber dann für die Modernisierung der Industrie fehlte und zu deren Niedergang führte, was am Ende als Unterversorgung wieder die Bevölkerung zu ertragen hatte.

In dem Aufsatz bezeichnete sie die »Entspannungspolitik als imperialistische Strategie« – ein krasser Unterschied zu ihrem heutigen Ansatz »Diplomaten statt Granaten«. Ein besonderes Gräuel war für sie der unter Nikita Chruschtschow begonnene und unter Michail Gorbatschow verschärfte Kurs mit »Verzicht auf das Endziel Weltsozialismus, Anerkennung des internationalen Status quo und Intensivierung der Zusammenarbeit mit den imperialistischen Staaten«. Auch in der Außenpolitik stand sie damit Stalin näher als seinen Nachfolgern und erst recht den Wendesozialisten in der PDS.

Damals war Wagenknecht mit ihrer Eloge übrigens nicht isoliert. So verteidigte der britische Historiker Eric Hobsbawm, der der Labour-Partei nahestand, den Stalinismus noch 1995 in der BBC: Im Angesicht einer erhofften besseren Welt sei selbst die Ermordung von 15 bis 20 Millionen Menschen gerechtfertigt. Kurz darauf korrigierte sich Hobsbawm allerdings: Er habe das Grauen des Stalinismus nicht kleinreden wollen, aber in der Frühzeit des Kommunismus sei in Blut, Tränen und Schrecken »eine neue Welt geboren« worden.

Die PDS distanzierte sich umgehend. Der Parteivorstand veröffentlichte eine Erklärung, wonach »die Positionen seines Mitglieds Sahra Wagenknecht, geäußert in dem Artikel "Marxismus und Opportunismus – Kämpfe in der sozialistischen Bewegung gestern und heute" (...) für unvereinbar hält mit den politischen und pragmatischen Positionen der Partei seit dem außerordentlichen Parteitag im Dezember 1989. Der Parteivorstand sieht in dem von Wagenknecht in ihrem Artikel geäußerten Positionen eine positive Haltung zum Stalinismusmodell.« Sie erhielt eine Ordnungsstrafe und wurde von ihrer Funktion als »Verantwortliche für die Organisation und Auswertung der Programmdiskussion in der PDS« entbunden.

Besonders mit Gregor Gysi, der auf besagtem Parteitag 1989 an die Spitze gelangt war und seither das SED-Erbe zügig abräumte, besteht seit diesem Eklat eine unverbrüchliche Feindschaft. Später räumte sie ein, ihre Verteidigung des Sozialismus sei auch dem Widerwillen gegen die Wendehälse jener Jahre entsprungen: »Ich hatte das Gefühl, ich müsste das tun, um nicht

Teil des opportunistischen Zeitgeistes zu werden, und dafür schäme ich mich nicht. Ich habe immer vertreten, was ich für richtig hielt. Damals hielt ich es für richtig, das Gegenteil dessen zu sagen, was nahezu alle sagten, weil ich deren Motivation für zutiefst unehrlich hielt.« Dies demonstrierte sie auch innerhalb der Partei: Durch Beitritt in die Kommunistische Plattform (KPF), als deren Wortführerin sie sich bald etablierte.

Dieser Widerspruch zum Zeitgeist fand nicht allein auf der Theorie-Ebene statt, sondern wurde mit persönlichem Bekenntnis fundiert: »Sicher nicht nur ich bin froh, dass ich die ersten 20 Jahre meines Lebens in einem anderen Deutschland verbringen konnte als dem, in dem ich heute leben muss.« 1995 versuchte sie, ihre Position zum Stalinismus noch einmal zu erklären. Der Unterschied zu 1992 war marginal. »Es ging und geht mir nicht um die Rechtfertigung von Verbrechen (...), sondern darum, dass es unhistorisch und geschichtsverfälschend ist, drei Jahrzehnte sowjetischer Entwicklung auf Verbrechen und Menschenrechtsverletzungen zu reduzieren.« Erst 2010 wurde man schlauer aus ihr, als sie der *Taz* gestand: »Ich habe Anfang der Neunziger einfach bestimmte Sachen weggelassen. Ich habe nie gesagt: Die Bespitzelung der Leute durch die Stasi war sinnvoll. Ich habe einfach nichts zur Stasi gesagt.« Darf man also sagen, es ging ihr nicht um Stalin-Verherrlichung, sondern um Trotz gegen die allgemeine Anpasslerei, für den sie den Schnauzbart nur als Emblem hernahm – etwa so, wie manche rebellische Jugendliche Hakenkreuze malen, um den Lehrer zu schocken, ohne selbst Nazis zu sein? Dieses Element mag eine Rolle gespielt haben. Aber der von ihr damals ausgearbeitete Theorieansatz war zu elaboriert, um sich nur psychologisch erklären zu lassen. Im Grunde entsprach der Text ihrer Vorstellung vom Sozialismus, die die erste Hälfte ihres erwachsenen Lebens prägte.

So wiederholte und verteidigte sie ihre stalinoide Position sowohl 1993 auf dem *Konkret*-Kongress als auch in dem 1994 im DKP-nahen Pahl-Rugenstein-Verlag erschienenen Buch *Antisozialistische Strategien im Zeitalter der Systemauseinandersetzung: Zwei Taktiken im Kampf gegen die sozialistische Welt*. Der *Spie-*

gel nutzte die Veröffentlichung als Beleg dafür, dass der Plan des PDS-Vorsitzenden Lothar Bisky, »die SED-Nachfolger von ihrer unseligen Tradition zu befreien und sie koalitionsfähig für die SPD zu machen«, fehlgeschlagen sei. Ein Antrag, die Kommunistische Plattform und damit Wagenknecht auszuschließen, scheiterte tatsächlich auf dem Parteitag 1995, aber die Querelen gingen weiter. Zwar hatte Wagenknecht mit Gysi und Bisky zwei Hochkaräter als Gegner, jedoch genoss sie die Protektion des letzten SED-Ministerpräsidenten und PDS-Ehrenvorsitzenden Hans Modrow, damals 66 Jahre alt – einer weiteren Vaterfigur. Der wollte auf die junge Wilde keinesfalls verzichten: »Wer einen Streit mit Sahra Wagenknecht hat, soll ihn mit ihr persönlich austragen«, also nicht in den Gremien. Wie die Fehde ausging, ist bekannt: 1995 drohte Gysi mit seinem Rücktritt, weil er die Genossin W. für untragbar hielt. Daraufhin musste sie den Parteivorstand für fünf Jahre verlassen. Die Reformer hatten gewonnen. Vorerst. Für Wagenknecht war das bittere Ironie: Vor der Wende warfen ihr SED-Vertreter mangelnden Sozialismus vor. Jetzt verstieß die Nachfolgepartei sie wegen eines Übermaßes an sozialistischer Ideologie.

Ein Umbruch in ihrem Denken setzte erst um das Jahr 2005 ein – aus der Verehrerin des Stalinismus wurde eine Verteidigerin der Sozialen Marktwirtschaft. Dies geschah unter dem Einfluss ihres späteren zweiten Ehemanns – man könnte von der Lafontainschen Wende in ihrem Denken sprechen. Dazu später mehr.

Von allem inhaltlichen Unsinn abgesehen, war der Streit um den Aufsatz in den *Weißenseer Blättern* Wagenknechts publizistische Feuertaufe: Sie hatte den medialen Shitstorm und die Ächtung publizistischer Mainstreamer überlebt und war stark genug, ihre Außenseiterrolle in der Politik fortzuführen. Mehr noch: Der PDS-Zoff sowie die Publikation erster Schriften bescherten ihr medialen Ruhm. Sie war jetzt oft eingeladener Gast in Talk-Shows, die für sie freilich ein Ort der »kleinen Wahrheit« blieben. Schließlich ist im pointierten Streit kein Platz für ausführliche Analyse. Aber im medialen Diskursrummel bot sie unter der Marke »jung und wild« eine belebende Provokation: Vom »schönsten Gesicht des Stalinismus« war die Rede. Sie wurde angestarrt wie ein exotisches Tier im Zoo.

Ihr nächstes Buch veröffentlichte Sahra Wagenknecht 1996 gemeinsam mit dem damaligen *Konkret*-Autor und heutigen COMPACT-Chefredakteur Jürgen Elsässer, und zwar in Form eines Briefwechsels. Titel: *Vorwärts und vergessen. Ein Streit um Marx, Lenin, Ulbricht und die verzweifelte Aktualität des Kommunismus*. Man traf sich in Wagenknechts Karlshorster Wohnung. Elsässer sprach in seiner Autobiografie *Ich bin Deutscher* rückblickend vom »spießbürgerlichen« Domizil »einer Kadertochter aus besserem Hause: Spitzendeckchen, Ulbricht an der Wand, Goethe als Büste auf dem Klavier (oder umgekehrt)«. Besonders frustrierend: Die Gastgeberin bot ihm lediglich Tee oder Wasser (und keinen Piccolo) an.

Ähnlich staubtrocken verteidigte die Kommunistin ihren etatistischen Ansatz im Rückgriff auf Lenin und Ulbricht (Stalin ließ sie allerdings aus), während Elsässer mit leicht anarchistischem Spontaneismus dagegen anrannte.

Auszüge:

Wagenknecht: »Ohne politische Organisationsform wird man nicht politisch wirksam werden können. Da die gegnerische Politik im gesamtstaatlichen Maßstab (und inzwischen eigentlich sogar darüber hinaus) gemacht wird, reichen regionale Bürgerkomitees und Widerstandsgruppen eben nicht aus. Die bestehende Gesellschaft ist – ob wir das gut finden oder nicht – politisch auf Parteienbasis organisiert; wer sie verändern oder perspektivisch überwinden will, muss nicht zuletzt die Hebel nutzen, die sie einem bietet.« (...)

Elsässer: »Es gibt durchaus Beispiele für eine nicht-parteiförmige Avantgarde. (...) Das andere Beispiel sind die Entstehung und das Anwachsen der Neuen Linken in der westlichen Welt im Zuge der Revolte 1968. Ausgelöst hatte diese Revolte eine zunächst kleine Minderheit: die Außerparlamentarische Opposition (APO). (...) Ich erinnere an die Worte von Hans-Jürgen Krahl, dem wichtigsten Theoretiker der APO: "Die stille Aufklärung (...) war in den 1950er und zu Beginn der 1960er Jahre ein Fehlschlag. Erst die radikalen und provokativen, Widersprüche in der Bevölkerung aufreißenden Aktionen der außerparlamentarischen Bewegung haben eine massive Opposition bilden können."« (...)

Wagenknecht: »Abstrakte Staatsablehnung besitzt (...) keine historische Rechtfertigung. Die Rolle des Staates war eben nicht selten eine fortschrittliche. Und ihrem Selbstlauf überlassen, bringt gesellschaftliche Entwicklung normalerweise alles andere als einen höheren Grad an menschlicher Selbstbestimmung und Freiheit hervor.«

Auf der Hacks-Bühne

Zum Verständnis der Stalin- und Ulbricht-Elogen der frühen Wagenknecht ist eine tiefere Betrachtung ihrer Beziehung zu Peter Hacks unabdingbar, der ihr nach dem Mauerfall Vorbild war, Orientierung und Inspiration bot. Er war einer der bedeutendsten Schriftsteller und Theaterdichter der DDR, dabei eingefleischter Kritiker von Bertolt Brecht und ewiger Kontrahent von Heiner Müller. Als Ulbricht-Anhänger, dazu gleich mehr, wurde er in den Honecker-Jahren an den Rand gedrängt: Er war sowohl zu sehr Bohemien als auch zu sehr Bolschewik, in summa eben ein Salonbolschewik wie aus dem Bilderbuch und damit ein Paradiesvogel in der Cordhütchen-Welt des Spätsozialismus. Der geborene Dandy mit seiner obligaten Zigarettenspitze residierte in noblen Wohnungen und auf Landgütern und war angeblich beiden Geschlechtern zugetan. Der Jungkommunist Ronald M. Schernikau, erst 1989 von der BRD in den Arbeiter- und Bauernstaat übergesiedelt und leidlich schriftstellernd, soll zu seinen Gespielen gehört haben.

In seinem Werk hatte Hacks Goethe und Marx, Klassik und Sozialismus miteinander verschmolzen – das war genau die Melange, die auch in Wagenknechts Kopf aufgeschäumt war. Unterstützt und gefördert von einer solchen Autorität, konnte die Außenseiterin ein Selbstbewusstsein entwickeln, das im politischen Kampf unabdingbar ist. Er bezeichnete sie einmal als »das hübsche Pflänzchen, das ich mir da herangezogen habe«. Wie sich die beiden kennengelernt haben? 1993 erzählte er seinem Vertrauten André Müller, sie sei als Teenagerin vor Jahren bei ihm aufgetaucht, um etwas über Goethe zu erfahren (»weil sie mich für einen Kenner hielt«) und »sie hat glänzend verarbeitet, was ich ihr seitdem politisch vermittelt habe«. Der sozialistische Neo-Goethe verschaffte ihr den Studienplatz in Jena und sponserte die Wissbegierige. Das war keine Fehlinvestition: Nach der Lektüre ihres Skandal-Artikels in den *Weißenseer Blättern*, gestand der Dichterfürst, sei er den ganzen Tag heiter gewesen.

1928 in Breslau geboren, hatte Hacks Theaterwissenschaften in München studiert. Als junger Brecht-Anhänger zog es ihn nach Ost-Berlin, wo er eine Beschäftigung an dessen Berliner Ensemble fand. Allerdings verwarf er sein Idol frühzeitig und wandte sich – ähnlich dem frühen Kulturminister der DDR, Johannes R. Becher – der Weimarer Klassik zu. In ihr fand er die passende Ausdrucksform einer sozialistischen Gesellschaft.

Hacks Werk besteht großteils aus Bearbeitungen klassischer und antiker Stoffe. Dazu zählen Aristophanes-Adaptionen wie *Der Friede* (1962) und *Die Vögel* (1980), antike Stoffe, darunter *Die schöne Helena* (1964), *Amphitryon* (1967), *Omphale* (1970) sowie Nachdichtungen von Goethe-Werken: *Das Jahrmarktsfest zu Plundersweilern oder Pandora* (1979). Außerdem schuf er zahlreiche Gedichte, Essays und Kinderbücher.

Hacks verteidigte die streng von Marx übernommene Abgrenzung des Sozialismus vom Kommunismus. Letzterer war demnach ein fernes staatsloses Schlaraffia unter dem Motto »Jeder nach seinen Fähigkeiten, jedem nach seinen Bedürfnissen«. Im Sozialismus dagegen galt das vom Kapitalismus übernommene Wertprinzip weiter: Die Arbeit oder vielmehr die Arbeitszeit ist der Maßstab, der den Preis der Güter reguliert – und den Betrag, den der Einzelne aus dem Produktionserlös beanspruchen kann. Die Fleißigen und Findigen werden belohnt, die Faulen bestraft, damit es mit der Produktivität vorwärtsgeht. Das war ebenso marxistisch wie preußisch, und deshalb gefiel es Hacks. Wagenknecht übernahm viel davon – deswegen ist sie bis heute eine Gegnerin des bedingungslosen Grundeinkommens, das nicht die Produktivität fördert, sondern den Müßiggang.

Für Hacks hatte Walter Ulbricht dieses Primat in seiner Wirtschaftspolitik umgesetzt: durch Zurückdrängung der staatlichen Planung und Freiräume und Vergünstigungen für Unternehmer (wie das zur Kollektivierung der Landwirtschaft in den fünfziger Jahren passte, bleibt Hacks' Geheimnis). Nach dem Anti-Ulbricht-Putsch im ZK 1971 begann für den Dichter der Niedergang: Erich Honecker nämlich habe den egalitären Verteilungsanspruch des utopischen Kommunismus priorisiert, ohne sich gleichzeitig um die Produktion jener Reichtümer zu sorgen, die er verteilen wollte: »Das neue Ideal Honeckers ist: Ein DDR-Mensch verdient 1.000 oder 2.000 Mark, egal, was er leistet. Warum gibt es keinen wirklichen Sozialismus mit scharfen Unterschieden, wo jeder tatsächlich nach seiner Leistung bezahlt wird? Das ist es, was Ulbricht wollte und einführte und was den Aufstieg der DDR gesichert hat.« Wie groß Hacks' Verachtung gegenüber dem Ulbricht-

Nachfolger war, zeigt eine Bemerkung anlässlich seines Dramas *Senecas Tod* (1977): »Nero war besser als Honecker.«

Trotz seiner Abneigung gegen das Honecker-Regime war der Zusammenbruch der DDR für Hacks ein gewaltiger Schock. Die Fortschrittsmetaphysik drohte endgültig zu zerbrechen: Das Weltgeschehen bedeutet keinen Aufstieg zum Besseren, sondern verläuft sinnlos-chaotisch. Bemerkungen, dass »das Pathologische den Weltenlauf« bestimme, dass der Weltgeist an Alzheimer leide, verwirrt sei, dass ihm die halbe Welt bereits gehört habe, er sie jedoch fallen ließ, bringen den Schock auf den metaphorischen Punkt. Als Verursacher des Untergangs verdächtigte Hacks den Tiefen Staat: Weder Arbeiter noch Bauern noch Ingenieure hätten den Untergang der DDR gewollt. Nein, das habe die Bohème verbrochen, von der jeder zweite ein IM oder CIA-Agent gewesen sei. Die Künstler-Szene war laut Hacks von der Stasi unterwandert, die sich ihrerseits in zwei Gruppierungen spaltete: in den staatserhaltenden und dem moskauhörigen Teil. Letzterer führte Gorbatschows Befehl aus, die DDR zu liquidieren – dabei nutzte man die Kulturschaffenden als Werkzeug. Hacks: »Die Konterrevolution von 1989 wurde von wenigstens zwei sowjetischen Geheimdiensten, auch wohl von denen unterstellten Kräften im Staatssicherheitsdienst der DDR ins Werk gesetzt. Nach außen hin einberufen wurde sie von Künstlern. Zur Einberufung der Konterrevolution bequemten sich Mitglieder der Akademie der Künste der DDR, des Deutschen Theaters Berlin, des Berliner Ensembles, ferner auch des Staatsschauspiels Dresden. Kein Arbeiter, kein Bauer und kein Wirtschaftsleiter beteiligte sich an der Abschaffung des SED-Staats, freilich eine größere Anzahl von Amtsinhabern von der SED.« Zumal Künstler ihm generell als ausgemachte Verräter galten. Schon einmal hätten die Musen-Söhne den Aufstand versucht: »Natürlich fiel etlichen auf, dass ein sehr ähnliches Unglück schon einmal sich angeschickt hatte stattzufinden. Der Lyriker Wolf Biermann ließ sich im November 1976 in die BRD schicken und ausbürgern. Einen Tag darauf hatte Stephan Hermlin zwölf Schriftsteller beisammen und wenige Tage drauf Manfred Krug eine Gruppe von Schauspielern, die gegen die Ausbürgerung Biermanns Einspruch erhoben.« Damals habe die SED dem Druck noch nicht nachgegeben, 1989 leider doch.

Bliebe freilich die Frage: Weshalb revoltierten DDR-Kulturschaffende regelmäßig gegen den Staat? Darauf bietet Hacks eine eigenwillige Antwort: Grund für diese Aufstände war nicht die wirtschaftliche Lage der DDR, sondern das schleichende Gift der Romantik-Renaissance. In den frühen Jahren des Staates verpönt, begann Ende der Sechziger, Anfang der Siebziger die Rehabilitierung dieser Geistesepoche. Dramen wie Kleists *Der Prinz von Homburg* eroberten die Bühnen der DDR. Für Hacks eine kulturelle Gefahr, vor allem wegen der romantischen Ablehnung des Staates und der Skepsis gegenüber jeglicher Erkenntnis. Ermöglicht wurde diese Rehabilitierung – natürlich – durch den bösen Honecker: Dessen Liberalisierung der Kulturpolitik habe »Tor und Tür geöffnet für eine subjektivistische und politisch perspektivlose Kritik an den Errungenschaften des Sozialismus und eine Kultivierung irrationaler oder wenig reflektierter Außenseiterpositionen« (Jürgen Pelzer). Als Neo-Romantiker galten ihm Kollegen wie der erwähnte Stephan Hermlin, Heiner Müller, Christa Wolf und Franz Fühmann. Besonders nach dem Mauerfall fuhr Hacks zahlreiche Verbalattacken gegen deren Fraktion. Allerdings hörte niemand mehr zu. Seine Wortmeldungen fanden keine Beachtung. Er war isoliert. Wie mit dem Verlust umgehen?

Die junge Wagenknecht mit ihrem »kindlich-erwachsenen Wesen« (André Müller) wird dem alten Dichter zum lebenden Antidepressivum. Auch er spürt ihre Faszination, ihr Geheimnis: »Ich habe sie nur selten gesehen und sie immer nur mit den nötigen Hinweisen versehen, die für ihre theoretische Entwicklung nötig waren. Ich bin nie bei ihr gewesen und würde weiß Gott gerne mehr über sie wissen, zum Beispiel, wie sie lebt, welcher Typ Mann ihr gefällt und ähnliches mehr.« André Müller versichert dem Freund: »Meinem Eindruck nach verehrt sie dich maßlos oder ist in kindlicher Weise in dich verliebt.« Gegenüber seinem Freund Hermann Gremliza, Herausgeber des Hamburger *Konkret*-Magazins und ebenfalls Anhänger der Klassik, schwärmte Hacks: »Sie wird unsere Luxemburg.« Sie sei nach Ulbricht

»der einzige theoretische Kopf, den die Kommunisten haben«. Und als ihre Popularität zunimmt: »Ihr Name steht unter den Deutschen für die Menschheitshoffnung«, und sei »im Volksgemüt wirksam wie das Fräulein von Delacroix, das mit der Mütze und der Fahne«. Wow! Sahra Wagenknecht als zweite Rosa Luxemburg, als Menschheitshoffnung und als allegorische Marianne auf den Barrikaden! Was für eine Idealisierung. Damit nicht genug: In Hacks Drama *Genovefa* tritt die Hoffnungsträgerin, durch Geschlechtswechsel getarnt, gar als Bühnenfigur auf: als Knabe Schmerzensreich, ein Weltfremder, von seiner Mutter in einer Waldhöhle aufgezogen. Dieser vaterlose Außenseiter, etwas menschenscheu, wird am Ende den Pfalzgrafen beerben und eine bessere Zeit (die Wiederkehr des Sozialismus) einleiten. Damit war die 24-Jährige zur Bühnenheldin der Klassik avanciert. Hacks hatte ihr einen gigantischen Auftrag erteilt. So viel mythische Vorschusslorbeeren mögen motivieren, gegen feindliche Attacken immunisieren – aber wer kann derartige Erwartungen einlösen? Ist die Enttäuschung da nicht vorprogrammiert?

Umgekehrt sang auch Wagenknecht öffentlich das Loblied ihres Mentors. In einer Festschrift für Hacks erklärte sie: »Der deutsche Kapitalismus hat von der DDR etwas geerbt, das es westlich der Elbe seit Langem nicht mehr gibt, etwas, das der Imperialismus aus eigener Kraft bis zu seinem historischen Exodus nie mehr hervorgebracht haben würde: einen klassischen Dichter.« Darüber hinaus arbeitete sie ihm auf praktischer Ebene zu, recherchierte Sitzungsprotokolle über den Sturz von Walter Ulbricht. Dessen Abgang plante Hacks zu dramatisieren, in Form einer Tragödie, Chorus inklusive. Nach mehreren Anläufen ließ er das Projekt jedoch fallen. Antikes Tragödienpathos hätte den Stoff allzu schnell in Trash oder unfreiwillige Komik überführt.

Bald aber bemerkte Hacks Schwachstellen der zweiten Rosa Luxemburg: etwa einen Mangel an Realitätskenntnis. Als André Müller ihr einen »idealistischen und hegelianischen Denkfehler« vorwarf, räumte Hacks ein: »Wegen ihrer Hegelei habe ich sie schon öfter verhauen. Aber glaub mir, das wächst sich aus.« Womit er nicht unrecht hatte. Trotzdem kam es im Lauf der folgenden Jahre zur Entfremdung: 1995 konstatierte der Dichter nach der Lektüre des Interviewbandes *Zu jung, um wahr zu sein* (mit Hans-Dieter Schütt): »Mit der Rolle einer Theoretikerin und einer Politikerin kommt sie im Grunde genommen nicht klar.« Und: Leider siege meist die Politikerin. 2001 gesteht Hacks sich schließlich ein: »Das wird nichts mehr.« Denn sie, »die den Kampf mit dem Revisionismus begonnen hat, entwickelt eine starke Neigung für seine Vertreter«. Im Grunde habe sie durch nachlassende Radikalität ihre Mission verraten: »Ich habe ihr zuletzt sogar verboten, mich zu besuchen. Es ist nicht ihr Liebhaber, so obskur der auch ist [gemeint: ihr erster Ehemann Ralph T. Niemeyer], sondern es ist ihr launischer und schräger Charakter, der sie zu diesem Liebhaber geführt hat. Sie schreibt immer über den Imperialismus, spricht aber nie von seinem Ende. Ihrer eigentlichen Aufgabe, die PDS zu einem geeigneten Zeitpunkt zu zerschlagen, ist sie nicht nachgekommen. Dafür will sie immer ins Fernsehen.« Zuletzt goss Hacks seine Enttäuschung sogar in dramatische Form: Für die späte Satire *Der Parteitag* (2003) formte er Wagenknecht erneut zur Bühnenfigur: diesmal als PDS-Politikerin Maryam, die ihrer Parteigenossin Rosi (gemeint war Gabi Zimmer, damalige Bundesvorsitzende der PDS) verrät: »Wenn ich links bin, Rosi, das ist einfach eine Geschäftsidee.« Der Hintergrund ist interessant: Gabi Zimmer hatte im Jahr 2000 dem Antinationalismus den Kampf angesagt: »Die meisten Linken definieren sich heute meist außerhalb oder gegen Deutschland, gegen die Nation. Genau das will ich verändern. Ich muss doch nicht unbedingt ein Land bekämpfen, wenn ich Verhältnisse in ihm ändern will. Mit Hass können wir keine Menschen gewinnen und schon gar nicht deren Angst vor der PDS abbauen.« Zuvor hatte sie in ihrer Antrittsrede erklärt: »Deutschland ist schön – ich liebe es.« Nach offensichtlichen Intrigen musste Zimmer 2003 ihr Amt niederlegen. Hacks ging davon aus, dass Wagenknecht mit intrigiert hatte.

Weiße Hochzeit in Weimar

Anfang der neunziger Jahre hatte Wagenknecht begonnen, sich zu ihrer Fraulichkeit zu bekennen und betont feminin beziehungsweise lady-like zu stylen. Damit unterschied sie sich krass vom linken Mainstream. Der damalige *Konkret*-Autor Jürgen Elsässer erinnert sich an ihren Auftritt auf der Konferenz des Magazins 1993: »Um die Wirkung ihres Outfits zu verstehen: An diesem Tag saßen tausend Personen im damals typisch linken Stil herum, also Parkas, Palli-Tücher, Schmuddellook, Henna-Haare, Frauen in Oversize-Pullis und gestreiften Nena-Hosen. Sahra schien wie aus einer anderen Welt: weißes Kostüm, weiße Strümpfe, weiße Pumps und das Gesicht mit braunem Make-up zugespachtelt. Hermann Gremliza fand, sie sehe aus "wie eine Squaw". Als sie so in dem linken Sumpf auftauchte, dachte ich nur: Woooow!« Offensichtlich machte die Lady Eindruck auf die Männerwelt. Aber was bezweckte sie damit?

Mag sich ein Mensch noch so tief ins Geistige zurückziehen: Seiner Libido entkommt er nicht. Auch nicht Sahra Wagenknecht, die Lothar Bisky einst als »Frau mit den kalten Augen«, als »Njet-Maschine« und Peter Hacks als »Maschinengehirn« beschrieben hat. Nur: Wer würde ihren Ansprüchen genügen? Obwohl die Star-Politikerin sich über Mangel an Verehrern nicht beklagen konnte – niemand entfachte ihre Gegenliebe. Peter Hacks war ihr Mentor, Vaterersatz und geistiger Anreger. Welcher junge Mann kann da mithalten?–Schlag nach im *Faust*: Der alte Gelehrte (eine intellektuelle Vaterfigur) verwandelt sich via Hexentrank in einen jungen Abenteurer! Und den fand Sahra Wagenknecht in Ralph T. Niemeyer: einem Lebemann, Tausendsassa, Hochstapler, Selbstinszenierer und »Spieler« (Wagenknecht). Tatsächlich hatte er einiges zu bieten: Der 1969 geborene Sohn eines Ministerialbeamten war Journalist, Dokumentarfilmer, Hausbesitzer in Irland, politisch links, und er schaufelte als Anlageberater kräftig Kohle. Es gibt langweiligere Lebensläufe. Er konnte der roten Wilden krasse Abenteuer bieten. Umgekehrt war sie für ihn ein politischer Popstar, die »Madonna des Neokommunismus«. Wie er sie kennenlernte? »Ich habe Sahra interviewt, und das Interview hat bis heute kein Ende genommen«, erklärte Niemeyer viele Jahre später. Übervater Peter Hacks hielt den jungen Wilden für einen Spion, den man auf sie angesetzt habe. Was auf die frisch Verliebte jedoch wenig Eindruck machte.

Das erste Abenteuer: Eine gemeinsame Flucht. Denn das Kölner Landgericht suchte den Finanzberater Niemeyer wegen Betrugs in 46 Fällen. Fluchtziel: Türkei. Und seine Freundin? Wusste von nichts. Die wunderte sich lediglich über seine Bitte, in Hotels auf ihren Namen einzuchecken. Die junge PDS-Politikerin staunte nicht schlecht, als Niemeyer plötzlich verhaftet wurde. Ein Schock. Vor allem, weil sie den Grund nicht kannte. Sie hielt ihn für unschuldig, war hoch besorgt: Schließlich wurde Niemeyer im Knast gefoltert. Besuch war nicht gestattet. So griff sie zu Schmiermitteln. Mit Geld und Cognac erkaufte sie sich Zugang zu seiner Zelle, mit geliehenem Geld bestach sie einen Arzt für die Beantragung einer Haftverschonung. Nach zwölf

Wochen lieferte man den Inhaftierten endlich an die Bundesrepublik aus. Noch 2013 beteuerte Niemeyer seine Unschuld. Er habe, so referierte die *Taz*, lediglich »als Undercoverjournalist im High-Trading-Business« ermittelt. Im späteren Prozess in der BRD habe man ihn als schizophren hingestellt. Man habe ihm Dinge vorgehalten, »die ich meines Erachtens nicht getan habe«. Niemeyer erhielt ein Urteil auf Bewährung plus fünf Jahre Berufsverbot als Finanzberater. Sein Kommentar: »Ich war nie Finanzberater! Sie sagen ja auch nicht zu Günter Wallraff, er hätte bei der *Bild*-Zeitung als Journalist gearbeitet.« Lassen wir das so stehen.

Damit war die Beziehung zwischen Niemeyer und Wagenknecht keineswegs zu Ende. Im Gegenteil. Die Linksintellektuelle heiratete ihren Abenteurer 1997. Freunde warfen ihr mangelnde Menschenkenntnis, geringe Vorsicht und ein Manko an »bürgerlicher Vernunft« vor.

Natürlich musste die Hochzeit in Goethes Weimar stattfinden, und zwar an einem 5. Mai, dem Geburtstag von Karl Marx. So waren ihre Geistes-Heroen als Trauzeugen präsent. Für zusätzliche Verwunderung sorgte Wagenknechts weißes Brautkleid. Weiß wie eine Schneekönigin. Nun, irgendwann muss man seine Märchen realisieren. Die Ehe hielt übrigens 15 Jahre, auch wenn sie schon nach etwa der Hälfte der Zeit nur noch auf dem Papier bestand. Gelangweilt hat der Spieler sich trotzdem nicht: Während der Ehejahre zeugte er noch drei Kinder mit anderen Frauen. (Wagenknecht ließ ebengalls nichts anbrennen: Zumindest eine Beziehung mit dem Parteigenossen Diether Dehm gönnte sie sich in jenen Jahren, mehr auf den Seiten 124 ff.) Auch die Polizei ließ sich erneut blicken, durchsuchte 2001 Wagenknechts Haus. Diesmal sollte Niemeyer gefälschte Gemälde für 71 Millionen Dollar zum Kauf angeboten haben. Wieder hatte er Glück. Gegen hohe Kaution kam er auf freien Fuß, und ein halbes Jahr später ließ man die Anklage fallen.

Später entdeckte er die Politik als Abenteuerspielplatz: 2011 trat er in die Linkspartei ein, aber weder als Direkt- noch als Listenkandidat konnte er sich bei der Bundestagswahl 2013 durchsetzen. 2021 trat er für die Basisdemokratische Partei in Bayern an und forderte als Redner auf der

Anti-Corona-Großdemonstration (29. August 2020) die Bildung einer politischen Querfront. Auch beim Russland-Ukraine-Krieg blieb der Event-Junkie nicht untätig: Im Juli 2022 gab der Umtriebige die Bildung einer »Exil-Regierung« bekannt, die »nach Zusammenbruch des BRD-Verwaltungskonstruktes« mit dem russischen Staatspräsident Putin verhandeln wolle. Im September 2022 reiste er sogar als »Exil-Kanzler« nach Russland und soll Gespräche mit dortigen Regierungsvertretern geführt haben. Auch räumt Niemeyer Kontakte zu den »Reichsbürgern« und deren Akteur Heinrich XIII. Prinz Reuß ein, distanzierte sich aber von dessen vermeintlichen Umsturzplänen (»Rollator-Putsch«). Es bleibt fraglich, ob Niemeyer mit seinen politischen Aktivitäten tatsächlich ein Klientel vertreten will oder narzisstische Selbstinszenierung betreibt.

Der Einstieg von Wagenknecht ins wilde Leben schwächte ihr intellektuelles Profil keineswegs. Fast zeitgleich zur Befreiung des Geliebten aus dem türkischen Knast schrieb sie ihre Magisterarbeit *Vom Kopf auf die Füße? Zur Hegelkritik des jungen Marx oder Das Problem einer dialektisch-*

materialistischen Wissenschaftsmethode. Dabei lag der Autorin nicht bloß an philologischer Klarstellung. Ihr Ausgangspunkt war die These, dass die Marxsche Theorie kein bloßes Aggregat von Begriffen, sondern untrennbar von ihrer Methodik (der Dialektik) sei. Die habe Marx von Hegel übernommen, ohne sie mit einer angemessenen Theorie zu unterfüttern. Marx-Leser müssen deshalb auf Hegel zurückgreifen, der mit seiner *Logik* eine solche Fundierung geschaffen habe. Das passt zu Lenins Behauptung, der erste Teil des *Kapitals* ließe sich ohne vorherige Lektüre der Hegelschen *Logik* nicht vollständig begreifen. Wagenknecht: »Denn letztlich geht es um weit mehr als darum, Marx zu verstehen. Es geht darum, zum Verständnis einer Methode durchzudringen, die erwiesenermaßen die Realität – und insbesondere die gesellschaftliche Realität – in ihrer Bewegung und Entwicklung besser und adäquater zu erfassen vermag als jede bisher entwickelte andere.« Erst durch ein solches Verständnis könne die Fortentwicklung des Sozialismus nach Lenins Tod, sein Niedergang, seine gegenwärtige Situation verstanden und künftige Strategien entwickelt werden.

Ob Wagenknecht die Dialektik ihres eigenen Liebeslebens begriffen hat? Vielleicht hätte ihr ein Witz weitergeholfen. Ein Philosophiestudent kommt ins Paradies und bettelt Petrus an, dass er ihn mit Hegel zusammenbringen möge. Gesagt, getan. Der Studiosus bittet sein großes Vorbild darum, ihm die Dialektik zu erklären, er habe sie nicht recht verstanden. Der Alte lenkt seinen Blick auf eine eindrucksvolle Szene: Ein junges Mädchen räkelt sich auf dem Schoß eines Rentners. Dann bittet Hegel seinen Adepten, in die Unterwelt zu schauen. Dort bietet sich exakt dasselbe Bild. »Die Nymphe und der Lustgreis – das ist pure Dialektik«, fügt Hegel hinzu. »Für ihn ist es der Himmel, für sie die Hölle.«

III. Von der Theorie zur Praxis

Die »linke Zarin« im Ruhrpott

Ganz klar, Sahra Wagenknecht ist eine Diva: Sahra Superstar. Die bereits erwähnte Bezeichnung »Madonna des Neokommunismus« zeigt: in ihr verbinden sich Sozialismus und Glamour. Das hatte selbst ihr Vorbild Rosa Luxemburg nicht geschafft. Es passt zum Diven-Konzept, dass ihr geregelte Arbeit missfiel, dass sie Universitätskarrieren sowohl in Philosophie als auch in Volkswirtschaft ablehnte. Und das, obwohl ihre Doktorväter sie gefördert hätten. Außerdem wäre regelmäßiges Einkommen ihr eine große Erlcichterung gewesen. Aber Gefangenschaft in festen Strukturen? Nein! Sie benötigte Zeit für Rückzug, ihre Lektüren, ihre Studien.

Das steht durchaus im Einklang mit der sozialistischen Utopie: Wagenknecht repräsentiert jene Lebensenergie, die freigesetzt wird, wenn der Mensch vom ständigen Überlebenskampf entbunden ist: Für »Verschwendung« (George Bataille), für kreatives Chaos. Der Psychologe

Michael Städtler, der sich der Dortmunder PDS als Berater für »Psychopolitik« angedient hatte, bezeichnete Wagenknecht als »linke Zarin«. Als die mit Belustigung reagierte, erklärte er: »Wissen Sie, Sie erinnern mich sehr an die Fotos der letzten Zarentöchter: so ein Wesen aus einer fremden Welt und Zeit. Glauben Sie bloß nicht, dass die Leute zu ihren Veranstaltungen kommen, nein, sie starren Sie einfach an, denn: Im Geheimen lieben alle Linken Zarinnen.« Ein zweischneidiges Image. Denn Wagenknechts Gegner konnten es mühelos gegen sie verwenden. Das geschah bei ihrer ersten größeren Tournée im Westen der Republik. In Dortmund sollte sie nämlich für die Bundestagswahl im Herbst 1998 kandidieren. Der Mainstream hob ihr Diven-Image hervor, um zu demonstrieren, wie wenig die rote Zarin ihr Klientel repräsentiere und besonders im »Ruhrpott« als Alien wirke. Angebahnt wurde die Kampagne schon am 11.Januar, beim Rosa-Luxemburg- und Karl-Liebknecht-Gedächtnismarsch in Ostberlin. Der Dortmunder PDS-Funktionär Helmut Manz verkündete die Wagenknecht-Kandidatur vor 100.000 Teilnehmern. Er selber war dem Charisma der jungen Politikerin völlig erlegen. Der *Spiegel* referierte seine Hymnen. »Fast sakral« habe ihr Schreiten durch das Spalier der Demonstranten gewirkt, schwärmte Manz. Der Blick der Älteren auf sie habe »fast Verehrungscharakter« gehabt: »Sie sah wirklich aus wie Rosa Luxemburg.« Ihr damaliges Outfit: »strenges Äußeres, hohe Stiefel, weiße Bluse und rotes Halstuch in Tateinheit mit hochgestecktem Haar und kühlem Blick«. Rote Zarin, Madonna, Rosa Luxemburg, Herrscherin, Heldin, Heilige und Diva. Wobei letztere im lateinischen Wort »Göttin« wurzelt, also sakralen Subtext enthält. Sogar Gysi nahm negativen Bezug auf dieses Image, wenn er versicherte, dass Wagenknecht »keine Göttin« sei.

So reiste die Idealisierte also in den früheren Kohlenpott, um die PDS über fünf Prozent zu bringen. Dort lernte sie ein Stück des Westens kennen, das keinesfalls »golden« war. In Dortmund lag die Zahl der Arbeitslosen so hoch wie in ostdeutschen Städten. Auch hier traf sie zahlreiche Abgehängte, Verlierer des Systems. Natürlich wurde sie bei ihren Erkundungen medial gestalkt. So beschrieb der *Spiegel* sie als verloren und deplatziert (und das war auch mein Eindruck an jenem Tag, als ich sie zum ersten Mal sah): »Mit ernster Miene steht sie an einem Morgen im Juni vor dem Arbeitsamt in Dortmund. Aus ihrer Umhängetasche lugt ein roter Regenschirm und aus ihren Augen die Lust auf Klassenkampf. Neben ihr stehen Frauen, deren Haar so dunkel ist wie das ihre. Es sind arbeitslose Türkinnen. Wagenknecht drückt Passanten und Passantinnen kleine Flugblätter in die Hand, doch ins Gespräch kommt sie fast nur mit eigenen Anhängern.« Was die Medien kaum erwähnten, war Wagenknechts Begegnung mit extremem Elend: So berichtete sie von Frauen, die lebenslang auf Sozialhilfe angewiesen waren. Oder von einem begabten Mädchen aus der Unterschicht: Weil die prekär lebende Mutter mit ihr nicht klar kam, musste sie auf die Sonderschule – und wurde dadurch selbst zum künftigen Sozialfall. Die *Welt* spielte auf der gleichen Klaviatur wie der *Spiegel*: Die rote Zarin passe nicht in den Ruhrpott. Ihr Marxismus fände ausgerechnet beim potenziellen Klientel, der Arbeiterschaft, keinen Anklang:

»Ihre [Wagenknechts] Botschaft vom möglichen Sieg des Kommunismus in ganz Europa hat an diesem Abend in der Zeche Karl, einem Kulturzentrum in Essen-Altenessen, keine Gläubigen gefunden. Ihre Erklärungsversuche für die Ursachen des kläglichen Scheiterns der DDR können die Besucher nicht überzeugen. Dabei hatten sich die fast 80 Stühle im schmuddeligen Versammlungsraum der Bergwerksruine verheißungsvoll schnell gefüllt. Das buntgemischte Publikum war sichtbar neugierig auf die ebenso attraktive wie prominente linke Politikerin aus Berlin, die im nahen Dortmund für die PDS kandidiert. Wagenknecht und ihr Referent Helmut Manz sind vorzeitig aufgetaucht und beobachten in der tristen kleinen Kneipe vor dem Saal spielende Hunde. In dieser Kulisse wirkt die Galionsfigur der Kommunistischen Plattform der PDS in ihrem eleganten grauen Kostüm mit weißen Perlmuttknöpfen und dem kunstvoll geknüpften rot-weiß-schwarzen Schal so irritierend deplaziert wie eine Primaballerina auf dem Rummelplatz.«

Immerhin muss das Blatt einräumen, dass ihr Auftauchen im Stadion von Borussia Dortmund, auf Veranstaltungen und bei Straßenständen der Partei einen Zulauf verschaffte, »von dem die kleine Dortmunder PDS-Truppe mit ihren 56 Mitgliedern vor Kurzem nur habe träumen können« – wie Manz versicherte. Aber der Zulauf, stellte der *Spiegel* klar, gelte der Diva, nicht ihrem Programm. Natürlich wusste Wagenknecht von den Vorbehalten westlicher Bürger gegenüber ihrer Partei. Die Ursache lag im Sprachgebrauch: Spräche sie im Osten von gesellschaftlichem Eigentum, dann wisse jeder, was sie meine, aber »im Westen denken die Menschen, wir wollen ihnen ihre Eigenheime wegnehmen.«

Wagenknecht zügelt ihre verbale Radikalität, kommt in Kontakt mit West-Kommunisten, wundert sich aber, dass deren Vereine und Initiativen nicht miteinander vernetzt sind: Jeder macht sein eigenes Ding. Mit dieser (Selbst-) Isolation stünden sie konträr zu den Strategien in Ostdeutschland. Was den Berliner PDS-Vorstand betraf, fürchtet sie dessen vollständige Unterwerfung unter das BRD-System: »Das einzige, was sich durch PDS-Koalitionen in der Bundesrepublik ändern würde, wäre die PDS.« Und mit

Seitenhieb auf die Grünen: »Mir graut vor dem Tag, an dem die PDS (...) ihren Fischer hervorgebracht haben könne. Und dabei geht es nicht nur um politische Biografien mit gebrochenem Rückgrat. Es geht um verspielte Chancen, brüskierte Erwartungen und nicht wahrgenommene Verantwortung.«

1998 kam die deutsche Ausgabe vom *Schwarzbuch des Kommunismus* auf den Markt. Anlass war der 80. Jahrestag der russischen Revolution. Herausgegeben vom französischen Historiker Stéphane Courtois, enthielt es eine Aufsatzsammlung über die millionenfachen Verbrechen sozialistischer Diktaturen. Ein internationaler Bestseller, in 26 Sprachen übersetzt. Natürlich durfte Wagenknecht bei der öffentlichen Debatte nicht fehlen. So ließ der *Südwestfunk* sie und den späteren Bundespräsidenten Joachim Gauck im TV-Studio aufeinander los. Die Sendung verlief ruhig, erst nach einer scharfen Attacke durch Gauck erwiderte sie: Was nach dem Untergang des Sozialismus in Russland geschehe, »wie da gehungert wird, das übertrifft alles, was vorher gewesen ist«.

Kreativer Sozialismus

Auch ihr nächstes Buch entstand wie das mit Elsässer im Dialog: *Die grundsätzliche Differenz. Ein Streitgespräch in Wort und Bild* (1997). Diesmal war ihr Gesprächspartner jedoch kein Gleichgesinnter, sondern der Schriftsteller Gerhard Zwerenz. Der hatte während der fünfziger Jahre in Leipzig bei Ernst Bloch studiert, fiel bald in Ungnade, wurde aus der SED ausgeschlossen, im Leipziger Stasi-Knast verhört und siedelte anschließend in den Westen über. Kurzum, eine DDR-Apologetin stieß auf ein DDR-Opfer. Wagenknecht verteidigte Ulbricht ein weiteres Mal. Seine Reformansätze während der sechziger Jahre hätten eine produktivere und effektivere Ökonomie intendiert. Wenn Sozialisten heutzutage wieder Glaubwürdigkeit erringen wollten, müssten sie aufzeigen, »wo es in diesem ersten Versuch schon Ansätze einer menschlicheren Gesellschaft gab, auf welche Erfahrungen man zurückgreifen kann« – ohne die Schattenseite zu verschweigen. Zwerenz, zum Zeitpunkt des Gesprächs Bundestagsabgeordneter der PDS, betonte dagegen: Er habe Ulbrichts antidemokratische Tendenz als größtes Hindernis für einen »sich modernisierenden Sozialismus« erfahren. Darüber hinaus verneinte Zwerenz die Gegenwartstauglichkeit des marxistischen Analysemodells. Dessen Sprache und Begrifflichkeiten fänden beim heutigen Menschen keinen Anklang mehr. Außerdem: Bei ökologischen Problemen versagten Sozialismus wie Kapitalismus gleichermaßen.

Zwerenz' Kritik an der Begrifflichkeit des marxistischen Denkens korrespondierte in jener Zeit mit ersten Zweifeln Wagenknechts an ihrem theoretischen Rüstzeug. Jedenfalls ließ das zwei Jahre später erschienene Buch *Kapital, Crash, Krise... Kein Ausweg in Sicht? Fragen an Sahra Wagenknecht* (1999) einen Wechsel vom philosophischen zum ökonomischen Vokabular erkennen. Wieder ist das Buch aus einem Dialog entstanden. Ihr Gesprächspartner war diesmal der neoliberale Journalist Pierre Curieux aus Frankreich. (Der Clou: Curieux existierte überhaupt nicht. Er war ein Produkt aus Wagenknechts Mythenfabrik.)

Allerdings konnte ihr frisch erwachtes Interesse auf autodidaktischer Basis kaum befriedigt werden. Die Kämpferin für Verteilungsgerechtigkeit stürzte sich erneut ins Studium. Diesmal Volkswirtschaftslehre an der Technischen Universität Chemnitz. 2005 begann sie mit der Promotionsschrift *Die Grenzen der Auswahl. Sparentscheidungen und Grundbedürfnisse in entwickelten Ländern* in englischer Sprache. Betreut wurde die Arbeit von dem Chemnitzer Mikroökonomie-Professor Fritz Helmedag – aber Inspiration kam auch von Oskar Lafontaine, mit dem sich schon eine Liebesbeziehung entwickelte (dazu später mehr). 2012 war es dann soweit: Nach einer mehrstündigen Verteidigung vor 120 Gästen schloss sie mit »magna cum laude« ab. Was für Spuren hinterließ diese zweite Ausbildung in ihrem Denken? Gegenüber der *Taz* erklärte sie, den Kapitalismus zwar besser zu verstehen, aber »die Grundüberzeugung, dass Kapitalismus Kriege produziert, Armut und soziale Kontraste, warum hätte ich die verändern sollen?« Auch den

Glauben an die Überwindbarkeit des Kapitalismus gab sie keineswegs auf, mochte das Experiment der zentralen Planwirtschaft auch gescheitert sein. Einen neuen Ansatz fand sie in Ludwig Erhards Sozialer Marktwirtschaft, in der Adenauers Wirtschaftsminister einen »Wohlstand für alle« versprach. Das Konzept beruhte auf dem sogenannten Ordoliberalismus der Freiburger Schule. Deren Vertreter hatte Wagenknecht bereits während des Studiums entdeckt. Einer seiner Vordenker, der Ökonom Walter Eucken, lehnte staatliche Eingriffe in die Wirtschaft ab. Stattdessen sollte man sie durch allgemeine Rahmenregeln nur insofern regulieren, um den Wettbewerb zu schützen.

Diese Begrenzungsidee übernahm Wagenknecht später für ihr Konzept des »kreativen Sozialismus«, einem Remake des Rheinischen Kapitalismus. Im Interview mit der *Zeit* konstatierte sie 2013: »Nicht die Märkte sind das Problem, sondern das private Eigentum an großen Unternehmen, das gesellschaftliche Macht und die leistungslose Aneignung der Arbeitsergebnisse anderer ermöglicht. Die Märkte müssen allerdings begrenzt werden auf die Bereiche, in denen sie funktionieren können.« Das habe nichts mit neoliberalem Deregulierungswahn zu tun, der einen vollkommen entfesselten Markt propagiere. Zwar verteidigte sie nun Konkurrenz als Motor für Produktivität und Qualitätssteigerung, aber wenn – wie im deutschen Lebensmittelhandel – fünf Großkonzerne ein Monopol etablieren und Preise diktieren, dann »hat das nichts mehr mit Markt zu tun. Märkte funktionieren nur dort, wo die Unternehmen nicht zu groß werden«. – Und falls doch? Wagenknecht: »Da, wo kapitalistisches Eigentum gesellschaftliche Macht erzeugt, bin ich für öffentliches Eigentum. BMW, Siemens, Nokia werfen trotz Rekordgewinnen Tausende auf die Straße und erpressen die Demokratie damit, ins Ausland zu gehen. RWE und Eon diktieren immer höhere Strompreise. Bei gleichen Anreizen arbeiten staatliche Firmen ähnlich effizient wie private.« Umgekehrt habe die Privatisierung öffentlicher Einrichtungen den Kunden keinerlei Vorteile gebracht: »Wo Wasser privatisiert wurde, ist es viel teurer als in anderen Kommunen. Bei der Post gibt es seit der Privatisierung weniger Filialen und Briefkästen. Und da, wo Wohnungen privatisiert wurden, ist die Miete keinesfalls gesunken – im Gegenteil.« Tatsächlich gebe es Länder, die alle Märchen vom alternativlosen Neoliberalismus widerlegten. So zeige ihr – ausgerechnet – Venezuela, dass der Staat kein Sklave der Konzerne werden muss. »Heute wird die Rendite oft durch eine regelrechte Zerstörung von Produktion gesteigert. Der Kuchen für die Mehrheit wird kleiner, nur die Reichsten bekommen ein wachsendes Stück.« Und wo bleibt Karl Marx? Der sei als Analytiker weiterhin aktuell. Zwei Jahre nach der Wirtschaftskrise 2008 erklärte Wagenknecht: »Auch die Finanzmarktkrise wurzelt letztlich in Widersprüchen des Kapitalismus. Eine Illusion ist, dass entfesselte Märkte zum Gleichgewicht führen. Hier ist Marx viel aktueller als die moderne Mainstream-Ökonomie.«

In *Freiheit statt Kapitalismus* unterbreitet sie auch konkrete Vorschläge: So sollen Banken nicht spekulieren dürfen, sondern sich auf Kreditvergabe beschränken. Selbst die Option privater Gewinnabschöpfungen will sie zugunsten betrieblicher Re-Investitionen begrenzt wissen. Bei Erbschaften von über einer Million Euro wäre ein 100 Prozent-Steuersatz fällig. Bei dem Punkt, so kommentierte Rezensent Frank Welker im *Humanistischen Pressedienst*, könne die Autorin sich sogar auf Äußerungen des Kapitalisten Warren Buffett berufen. Solch geistiger Wandel sorgte im Mainstream für Verwunderung: »Ist diese versuchte Annäherung ein taktischer Schachzug, um beim bürgerlichen Publikum im Westen Deutschlands zu punkten, oder steckt eine Wahrheit dahinter, die sich zu entdecken lohnt?«, fragte der *Spiegel* und hetzte sogleich einen »Faktenchecker« auf die Ökonomin. Der sollte belegen, dass ihre Lesart des Ordoliberalismus von der Linkspartei nicht vertreten werde.

Wagenknechts Idee des »kreativen Sozialismus« beharrt nicht nur auf der Notwendigkeit des Staates, sondern akzeptiert auch eine Mehrklassengesellschaft. Damit versucht die Autorin, zwei Aspekte unter einen Hut zu bringen: 1) Die staatliche Hilfe und Absicherung von Geringverdienern und Arbeitslosen und 2) die Möglichkeit des sozialen Aufstiegs.

Die Idee einer bedingungslosen Grundsicherung lehnt Wagenknecht dennoch ab: Damit verabschiede »sich die Gesellschaft von ihrer Verantwortung, jedem Menschen die Chance zu geben, sich mit eigener Arbeit ein anständiges Einkommen zu verdienen. Das muss doch der Anspruch sein, anstatt die Leute mit irgendeiner Minimalversorgung abzuspeisen und dann zu Hause sitzen zu lassen.« Im »kreativen Sozialismus« erwarten Arbeitslose keine Hartz-Schikanen (»Armut ist die elementarste Entwürdigung, die einem Menschen angetan werden kann«), aber auch kein Füllhorn an staatlichen Zuwendungen. So forderte sie 2017 einen Hartz-IV-Regelsatz von 560 Euro monatlich plus Abschaffung der Drangsalierungen.

Die Weltwirtschaftskrise, ausgelöst durch den Zusammenbruch der Lehman Brother-Investmentbank 2008, stellte das kapitalistische System radikal in Frage – wenn auch nur kurzfristig. In diesem Zeitfenster erschien *Wahnsinn mit Methode – Finanzcrash und Weltwirtschaft*. Im Gespräch mit der *Süddeutschen Zeitung* erzählte die Autorin, wie sie beim Schreiben dieses Buches die Nachricht vom großen Knall aufnahm: Sie saß »gerade an dem Kapitel, das die innere Logik von Spekulationsblasen beschreibt«. Ihr erster Gedanke sei gewesen, die Gegner überschätzt zu haben: »Sie haben wirklich keinen Plan und sind in ihrer kurzsichtigen Konkurrenzlogik sogar noch dümmer, als Marx angenommen hatte.« Wer sich die vorherige Verschuldungsentwicklung »etwa des amerikanischen Privatsektors angesehen hat, musste ahnen, was kam und noch kommen wird. Das ganze globale Wirtschaftsmodell der letzten Jahrzehnte beruhte auf wachsender Verschuldung. Das Platzen der Blase musste deshalb auch die Realwirtschaft in die Knie zwingen«. Wagenknecht rekonstruiert die Geschichte der Blasen seit dem Tulpen-Boom in den Niederlanden (17. Jahrhundert) bis zur Gegenwart. Dabei widerspricht sie den Dogmen der Freimarkt-Ideologen: So sei das Aufspringen auf eine Blase kurz vor Knall aus Perspektive des Investors durchaus rational. Zwar weiß er vom baldigen Big Bang, kennt aber nicht dessen Datum. Die Autorin vergleicht den Markt mit den Berechnung von Krankenversicherungen: Ein neuer Virus kann alle Wahrscheinlichkeits-Prognosen für müllreif erklären. Was aber geschieht nach dem Scherbenhaufen? Wagenknechts Prognose skizziert vier Optionen. Zum ersten: Die Politik wird mit Steuergeldern und astronomischer Neuverschuldung die Finanzmärkte retten – wenn auch nur temporär. Ironie der Geschichte: Diese Option galt der Autorin als die unwahrscheinlichste, aber genau sie wurde realisiert... Zweite Option: Eine Orientierung am japanischen Börsenknall 1989 und an der 1982er Schuldenkrise in Lateinamerika. In beiden Fällen stagnierte die ökonomische Entwicklung durch Sozialisierung der Bankenverluste. Drittens: Sinkende Löhne und Staatsausgaben ziehen ein riesiges Banken- und Unternehmenssterben nach sich. Eine Neuauflage der Depression, die 1929 begann und sich in Amerika durch die dreißiger Jahre zog. Und viertens: Der Crash als Chance für die die Etablierung eines »kreativen Sozialismus« – eine Chance, die bekanntlich nicht genutzt wurde.

Trotz aller Entwicklung zur professionellen Ökonomin bleibt eine Konstante in Wagenknechts Werk unerschütterlich: Ihre wirtschaftstheoretischen Texte belassen es nie beim kalten Zahlenspiel, bei der Abstraktion. Vielmehr werden sie durch Einfühlung ergänzt: Hinter den Kennziffern stecken Schicksale. In Anbetracht des menschlichen Leidens klingen Begriffe und Slogans der Mainstream-Ökonomen vollkommen hohl. Beispiel: Was besagt der Begriff »Leistungsgesellschaft«, wenn die Arbeitsleistung eines Großteils gar nicht angemessen gewürdigt wird? Zahllose Menschen verrichten ihre Arbeit nicht in der Hoffnung auf Wohlstand, auf Verbesserung ihrer Situation, sondern allein aus Angst vor endgültigem Absturz. Wagenknecht betont, wie sehr psychische Gesundheit zum Wohlstand gehört. Wie dauerhafter Angststress, den die Wirtschaft provoziert, zur seelischen Erkrankung führt.

Eine der verhängnisvollsten Eigenschaften des Menschen, die im Kapitalismus radikale Förderung erfährt, ist – die Gier. In Oliver Stones *Wallstreet* (1987) verkündet der Banker Gordon Gecko: »Gier ist gut!« Und weiter: »Gier ist richtig, die Gier funktioniert, die Gier klärt die Dinge, durchdringt sie und ist der Kern jedes fortschrittlichen Geistes. Die Gier in all ihren Formen – die Gier nach Leben, nach Geld, nach Liebe, Wissen – hat die Entwicklung der Menschheit geprägt.« Dieses Kurzmanifest ist ein Gesundheitskiller: Gier impliziert rastloses Jagen, Hetzen, Dauerstress, seelische Ausleerung – nicht einmal »Gewinner« bleiben verschont. Ist es Zufall, dass Psychologie im ökonomischen Diskurs fast völlig fehlt, von primitivem Konditionierungs-Begriffen (wie »Anreize«) einmal abgesehen? Dieser Psychologie-Vergessenheit stellt Wagenknecht in *Reichtum ohne Gier* (2016) den kollektiven, den seelischen Reichtum entgegen: Gier ist das Gegenteil der Freiheit. Sie befeuert Zwang und Stress. Das Wort »Freiheit« hingegen wurzelt im indogermanischen Fri, dem auch Freund und Frieden entspringen. Eine freie, weil solidarische, weil nicht von Gier und Angst diktierte Gesellschaft – die hat wahren Reichtum.

Wagenknechts Integration individueller Befindlichkeit in ihre Wirtschaftstheorie spiegelt sich auch in ihren Wahlreden. So zeigt der Dokumentarfilm *Wagenknecht* sie bei Ansprachen in verschiedenen Städten. Sofort fällt auf:

Das Publikum fühlt sich verstanden, in seinen Sorgen ernst genommen. Das ist Seelenbalsam in einer Zeit, in der Bürger schon froh sind, wenn sie von Mainstream-Politikern keine Verachtung, Beleidigung, Bevormundung oder offene Aggression erfahren.

Noch einmal Goethe

Natürlich lässt sich Wagenknechts Konzept des »kreativen Sozialismus« nicht ohne ihre literarische Seite, nicht ohne Goethe verstehen. Einer ihrer ökonomischen Gewährsmänner, der erwähnte Walter Eucken, war Sohn des berühmten Lebensphilosophen Rudolf Eucken. Der attestierte der deutschen Kultur eine traditionelle Orientierung am Ewigen. Dagegen zeige der Gegenwartsmensch ein verstärktes Interesse an irdischen Zielen. Eine Metamorphose, die Goethes *Faust* vorwegnahm: Nach resignierter Sinnsuche widmet er sich der Weltgestaltung. Daran orientiert sich Wagenknechts Modell: Die Kreativität des »faustischen« Menschen, des Visionärs zu fördern. Jeder muss die Möglichkeit erhalten, sein Leben zum Werk, zum Kunstwerk zu formen.

2013 publiziert die Politikerin in der *FAZ* eine Rezension von Rüdiger Safranskis Biografie *Goethe. Kunstwerk des Lebens*. Zum Untertitel schrieb sie: »Es geht ihm [Safranski] nicht einfach um die Lebensumstände eines Mannes, dem wir die wahrscheinlich schönsten Verse verdanken, die je in deutscher Sprache gedichtet wurden, sondern es geht um einen "Meister des Lebens", um ein "Beispiel für ein gelungenes Leben", um einen, der es als seine Lebensaufgabe begriffen hat, der zu werden, der er war. Goethes Leben, so die Kernthese, ist selbst ein "Werk", und zwar eines, das sich hinter Goethes literarischen Werken nicht verstecken muss.« Im Gegensatz zum Zeitgeist, der Goethe vom Sockel holen wolle, ihm charakterliche Fehler und Schandtaten als Politiker vorrechne, um zu belegen, dass der Weimarer Klassiker eben auch nur »ein Mensch« gewesen sei, ziele Safranski in die gegenteilige Richtung. Und damit genießt er Wagenknechts volle Unterstützung: »Vielleicht liegt es daran, dass Beispiele echter menschlicher Größe in unserer Zeit in Literatur, Wirtschaft wie Politik so rar geworden sind, weshalb wir dazu neigen, unzweifelhafte Größe in früheren Jahrhunderten mit Skepsis zu betrachten. Wer seine Umwelt allzu weit überragt, wird schnell verdächtigt, auf irgendeinem geheimen Sockel zu stehen, und nicht wenige fühlen sich berufen, ihn oder sie von diesem vermeintlichen Podest herunterzuzerren.« Wie die Rezensentin selbst habe Goethe darauf geachtet, sich nicht selber zu verlieren, habe ans eigene Leben ebenso hohe Ansprüche wie an sein Werk gestellt. Der Versuchung der Selbstgerechtigkeit oder des zynischen Pessimismus sei er nicht erlegen. So habe er die aufkommende Technisierung nicht per se abgelehnt, aber erkannt, dass völlige Kommerzialisierung von Alltag und Kultur die schlechten Eigenschaften im Menschen fördere. Wagenknecht: »Wo nur noch ökonomische Effizienz und erzielbare Rendite entscheiden, hat der Mensch seine Souveränität aufgegeben.« Mephisto triumphiere. Auch Hegel habe diese

Problematik gesehen: »Im Grunde kreiste Goethes wie auch Hegels politisches Denken um ein Problem, das – nach einem Jahrhundert des bornierten Laissez-faire-Liberalismus – die ökonomische Schule des Ordoliberalismus wieder aufgegriffen und ins Zentrum ihrer Gesellschaftstheorie gestellt hat: das Problem der Verhinderung wirtschaftlicher Macht. Die Korruption, Bestechlichkeit und Käuflichkeit der Politik im englischen Parlament war für Hegel ein publizistisches Dauerthema.«

Verblüffend ist, dass die geschulte Ökonomin ausgerechnet an einem Punkt hinter Goethe zurückfällt: Weder sie noch Safranski gehen auf dessen Geldkritik ein. Die wundersame Geldvermehrung durch die Einführung von Papiernoten beschrieb Goethe eindrücklich im *Faust* und sah in ihr die revolutionäre Machtergreifung der »Zettelbanken«. In seinem Münzgutachten von 1794 erklärt er dann auch, dass sich echtes Geld durch seinen «innewohnenden Wert» auszeichne – ein klares Bekenntnis zu Gold und Silber, das übrigens Adam Smith und Karl Marx später ausformulierten. Das war Goethes Absage an Mephistos Planwirtschaft, die ohne die Schöpfung von Geld aus dem Nichts nicht auskommt. Wagenknecht hingegen ist als Anhängerin des britischen Ökonomen John Meynard Keynes selbst eine Befürworterin staatlicher Neuverschuldung, also zusätzlicher Geldschöpfung, sofern diese den unteren Klassen oder wenigstens der Konjunktur zugute kommt.

Es gibt eine weitere Gemeinsamkeit zwischen Wagenknechts und Safranskis Bild vom Weimarer Dichterfürsten. Als exzessive Goethe-Fans bekämpfen beide dessen Herabsetzung, klammern dabei jedoch finsterste Seiten ihres Olympiers aus. So findet beispielsweise Goethes Beteiligung am Todesurteil einer (angeblichen) Kindsmörderin, der 24-jährigen Magd Johanna Catharina Höhn, in Safranskis Schmöker keinerlei Erwähnung. (Und das, obwohl die Todesstrafe für besagte Straftat schon damals umstritten war.) Ein weiteres Beispiel für den finsteren Goethe: Das Verschachern von Obdachlosen an England, die ab 1776 als Soldaten im amerikanischen Unabhängigkeitskrieg verheizt wurden. Auch die Frage, ob Goethes Leben als »gelungen« gelten darf, hat er selber zum Lebensende mit Nein beantwortet. Im Gegenteil: Er glaubte sich fast überall an eigenen Ansprüchen gescheitert, in einer Sisyphos-Situation gefangen. 1824 gestand er gegenüber Johann Peter Eckermann: »Man hat mich immer als einen vom Glück besonders Begünstigten gepriesen; auch will ich mich nicht beklagen und den Gang meines Lebens nicht schelten. Allein im Grunde ist es nichts als Mühe und Arbeit gewesen, und ich kann wohl sagen, dass ich in meinen fünfundsiebzig Jahren keine vier Wochen eigentliches Behagen gehabt. Es war das ewige Wälzen eines Steines, der immer von neuem gehoben sein wollte. Meine Annalen werden es deutlich machen, was hiemit gesagt ist. Der Ansprüche an meine Tätigkeit, sowohl von außen als innen, waren zu viele.«

Kurzum, Wagenknechts Vergötterung des Dichterfürsten benötigt ebenso Verdrängungen wie ihr früherer Ulbricht-Kult: Sie beschönigt oder verteidigt die dunklen Seiten nicht, sondern blendet sie aus.

IV. Die Lafontainsche Wende

Ein kurzes Intermezzo

Die Hinwendung der PDS zur »Realpolitik« sollte ihr langfristig wenig nutzen: Nachdem die Partei bei der Wahl 1998 mit 5,1 Prozent endlich in Fraktionsstärke den Bundestag geentert hatte, flog sie 2002 mit vier Prozent wieder raus. Jetzt galt es, wenigstens bei der Europawahl zu punkten. Gerhard Schröders Hartzpolitik brachte den notwendigen Aufschwung: Sein Klientel-Verrat vergrätzte zahlreiche Anhänger der Sozialdemokratie und trieb sie in die Arme der PDS, die 2004 mit 6,1 Prozent den Einzug ins EU-Parlament schaffte. Die *Süddeutsche Zeitung* schlagzeilte verärgert: »Rote Socken wieder in Mode«. Ebenfalls unter den frischgebackenen Abgeordneten: Sahra Wagenknecht.

Im Wahlkampf hatte sie eine neue Affäre begonnen, mit ihrem Parteifreund Diether Dehm. Die Liebschaft zeigt ein ähnliches Grundmuster wie die mit Niemeyer: Wieder verfällt die so kontrolliert wirkende Politikerin einem sexuell anziehenden Hallodri. Über Dehm sagt einer seiner Intimfeinde aus der hessischen PDS, vor ihm sei keine sicher, »die bei drei nicht auf den Bäumen ist«. Der noch Verheiratete hatte es mit seinen Eskapaden so sehr übertrieben, dass er wegen anhaltender feministischer Aufgeregtheit im #MeToo-Stil schließlich seinen Landesverband wechseln und sich 2003/04 in Niedersachsen als Mitglied anmelden musste, wo er schnell zum Parteichef aufstieg. In dieser Phase kreuzten sich die Wege mit Sahra Wagenknecht, deren Ehe mit Niemeyer schon angeknackst war. Wagenknecht war die Ausgestoßene und er überraschend als stellvertretender PDS-Vorsitzender gewählt. Aber so richtig »Zoom gemacht« hat es erst, als Gysi dem Parteikollegen mit öffentlicher Distanzierung drohte, falls Dehms permanente Fürsprache für die rote Diva nicht unterbliebe. Der Macho sorgte trotzig dafür, dass sie den Spitzenplatz auf der niedersächsischen Landesliste für die EU-Wahl 2004 bekam – damit war ihr ein Mandat in Straßburg sicher.

Dehm hat den Charme eines Latino-Lovers und über seine Erfahrung im Showbusiness auch eine Lässigkeit, die den ansonsten staubtrockenen Genossen abgeht. Der Frankfurter wurde als Liedermacher bekannt und soll das erste Rock-gegen-Rechts-Konzert 1978 mit organisiert haben. Wichtiger als seine Aktivitäten bei den Jusos und in der SPD war ihm seine Karriere als Komponist und Texter. Tatsächlich brachte er für Klaus Lage zahlreiche Goldene Schallplatten auf den Weg, am bekanntesten wurde »Tausend mal berührt«. In der Friedensbewegung der achtziger Jahre wurden Lieder zu Hits, die er zusammen mit der niederländischen Band Bots kreierte, etwa »Was wollen wir trinken« und »Aufstehen«. In jenen Jahren pendelte er oft in die DDR, was ihm später Stasi-Vorwürfe einbrachte – gegen die er sich erfolgreich juristisch zur Wehr setzte. Nach 1990 arbeitete er als Manager für die DDR-Eisprinzessin Katharina Witt und soll auch das Bett mit ihr geteilt haben.

Wie lange die Affäre mit Wagenknecht ging, ist strittig. Ihm zufolge waren es viele Monate, ihr zufolge nur ein paar Wochen. Er behauptet, dass er sie mit seinen Kenntnissen über Leben und Werk Bertolt Brechts – wie er übrigens ein Macho mit vielen oft gleichzeitigen Beziehungen – fasziniert habe. Tatsächlich hatte Wagenknecht hier eine Leerstelle, da ihr Mentor Hacks immer abschätzig über den Schöpfer der *Dreigroschenoper* gesprochen hatte. Auf jeden Fall stimmten beide in der Ablehnung des Kurses von Bisky und Gysi überein und lehnten eine Regierungsbeteiligung zum Nulltarif ab. Außerdem war Dehm, obwohl jahrzehntelang (bis 1998) ein treues Mitglied der SPD, wie Wagenknecht im Herzen Kommunist. Sein früher Künstlername Lerryn soll ein Mix aus Lenin und seinem eigenen Spitznamen Larry sein.

Trotz unterschiedlicher Zeitangaben: Das Jahr 2005 hat die Liaison jedenfalls nicht überdauert. »Sobald Sahra erfolgreich ins Europaparlament eingezogen war, brauchte sie ja Diethers Hilfe nicht mehr und machte Schluss mit ihm«, berichtete ein Wagenknecht-Hasser aus dem Karl-Liebknecht-Haus. Plausibler ist die Interpretation eines damaligen Mitarbeiters der PDS-Fraktion im Europaparlament. »Sie konnte es nicht auf Dauer vertragen, dass er weitere Affären neben ihr pflegte. Das hatte sie ja bereits mit Niemeyer erleben müssen, das brauchte sie nicht nochmal.« Tatsächlich bändelte er, kaum war er 2005 in den

Bundestag eingezogen, mit seiner Fraktionskollegin Halina Wawzyniak an, ein spindeldürres Punkmädchen voller postmoderner Spleens und damit das krasse Gegenteil der roten Diva.

Trotz des Bruchs in der persönlichen Beziehung blieben beide politisch eng verbunden. Mehr noch, er wurde zu ihrem Vertrauten, der für sie in Partei und Fraktion Mehrheiten organisierte. Der *Tagesspiegel* bezeichnet ihn als »Strippenzieher und immer wieder auch Wagenknechts Mann fürs Grobe.« Er band sie 2014 in erste Querfront-Versuche rund um den »Friedenswinter« ein und war 2018 bei »Aufstehen« dabei. Erst nach seinem Ausscheiden aus dem Bundestag 2021 ließ sie ihn fallen.

Unter Geiern

Den Einzug ins EU-Parlament begriff Wagenknecht als Marschbefehl. »Das Wahlergebnis«, kommentierte sie in der *Jungen Welt*, »ist natürlich Auftrag, in Brüssel wie auch hier im Lande konsequente Oppositionspolitik zu machen. Die Stimmen für die PDS sind, davon bin ich überzeugt, Stimmen für eine klare Alternative zu Schröders Sozialcrash, zu einer EU der Konzerne und zu einer EU-Verfassung, die Militarisierung und Neoliberalismus festschreiben soll. Dagegen braucht es lauten Widerspruch und Widerstand. Das gute Wahlergebnis ermöglicht es uns, das jetzt gestärkt zu leisten.« Und, adressiert an ihre Genossen: »Das müssen wir aber auch tun.« Sie glaubte zu spüren, »wie der Unmut der Leute wächst und wie viele es satt haben, sich von Schröder erzählen zu lassen, er müsse sparen, während er zugleich Milliardengeschenke an die Reichsten verteilt.«

Doch schon bald war sie frustriert. Brüssel erwies sich für Wagenknecht als Horrortrip. Zunächst auf privater Ebene: ihr Wohnhaus lag im sterilen Europaviertel, einem Areal aus Neubauten, weiß gestrichen, mit großer Glasfassade: Ein Hipsterhome par excellence. Immerhin: Es gab eine direkte Flugverbindung nach Irland.

An freien Tagen konnte sie dort Noch-Ehemann Ralph Niemeyer besuchen. Ebenso unwohl wie in Brüssel fühlte sich die Abgeordnete in Straßburg. Dort stand ihr Hotel am Stadtrand, allerdings fuhr abends kein Taxi mehr... Besonders frustrierend erschien ihr der typische Alltag eines Berufspolitikers: endlose Tagungen, Sitzungen, Ausschüsse. Oft ohne greifbares Resultat. Ritualisierte Zeitvergeudung, Beschäftigungstherapien, ständiges Ausbremsen kreativer Energien. Jeder Impuls löst sich auf: Das Bürokratiemonster lässt subversive Power ins Leere laufen. Gekrönt wird diese Erfahrung durch das Desinteresse zombiefizierter Kollegen. Man spricht vor gähnend leeren Plenarsälen, die Vorredner platzen erst kurz vor eigenem Auftritt herein und verschwinden anschließend sofort wieder. Im Büro läuft es kaum anders. Wagenknecht muss es mit Kollegen teilen, und regelmäßig klingelt das Telefon. Konzentration? Vergiss es. Dort muss die PDS-Abgeordnete endlose Geduld entwickeln, um Netzwerke zu schaffen, Verbündete für ihre Ideen zu finden. Kreativität? – Völlig ausgeschlossen.

Aber wesentlich schwerer wog die politische Enttäuschung: Sie war in der Hochburg des Neoliberalismus angekommen. Der Lobbyismus wurde mit beispielloser Unverschämtheit zelebriert. Wagenknecht kam zu dem Schluss: Derart offenes Schmieren von Abgeordneten wäre in Berlin nicht möglich. In Brüssel kann man sich von Banken zu Empfängen und in First Class-Restaurants einladen lassen. No problem. Das Schlimmste jedoch: Deutsche Politiker missbrauchten die EU als Entschuldigung für eigene Sozial-Perversionen. Gemeinsam mit dem Attac-Aktivisten Stephan Lindner und dem PDS-Abgeordneten Tobias Pflüger erklärte Wagenknecht im September 2004 gegenüber der *Jungen Welt*: Die EU-Ebene werde genutzt, »um deutsche Interessen durchzusetzen, die dann im eigenen Land als "Sachzwang" verkauft« würden. Das galt auch für damalige Hartz-Gesetze: So sei »der Sozialabbau durch Agenda 2010 und Hartz IV mit Hilfe von Vorgaben der EU-Kommission vorbereitet worden. Die nationalen Regierungen würden mit gespieltem Bedauern ihren Bürgern kundtun, dass Brüssel sie zum Sozialkahlschlag zwinge«.

Die EU-Verfassung stehe konträr zum Grundgesetz, weil sie eine »offene Marktwirtschaft mit freiem Wettbewerb« als Gesellschaftsordnung festschreibe: »Das sagt alles über die liberale Zielsetzung und ist nur ein Synonym für einen sozial entfesselten und ungebändigten Kapitalismus.« Jede Abweichung einzelner Mitgliedsstaaten gelte als Verfassungsverstoß.

Vor allem das sogenannte Entsendegesetz brachte sie auf die Palme, die »Richtlinie des Europäischen Parlaments und des Rates über Dienstleistungen im Binnenmarkt«. Die sollte durch die EU-Gremien gepeitscht werden – ohne Information der Öffentlichkeit. Zentraler Punkt: EU-weite Beschäftigungsmöglichkeit von Dienstleistern aus allen Mitgliedsländern – und zwar zu den Löhnen und Tarifen des Herkunftslandes (»Entsendestaates«). Die Folge: Lohndumping. In Westeuropa fürchtete man die Billigkonkurrenz osteuropäischer Dienstleister, die sich in der Symbolfigur des »polnischen Klempners« manifestierte. Im Februar 2005 intervenierte sogar Bundeskanzler Gerhardt Schröder gegen diese »Liberalisierung«. Er forderte eine Korrektur in

Richtung Schutz vor Sozialdumping, da deutsche Firmen bereits Arbeiter entließen, um sie durch Billiglöhner aus dem Osten zu ersetzen.

In die Straßburger Zeit fällt auch der berühmte »Hummerskandal«: 2007 besuchte Lothar Bisky die sieben PDS-Abgeordneten im EU-Parlament. Man traf sich abends im Restaurant Aux Armes. Dabei fotografierte die Abgeordnete Feleknas Uca ihre Kollegin Wagenknecht beim Verspeisen eines Hummers. Am folgenden Tag betrat Wagenknechts Assistentin das Büro der Hobby-Fotografin, forderte die Herausgabe der Kamera und löschte sämtliche Hummer-Fotos. Uca war wenig begeistert und sendete eine Protokollnotiz ausgerechnet an den *Spiegel*. Die Hamburger Wagenknecht-Hater reagierten sofort. Der Skandal war perfekt: Eine Marxistin, die Delikatessen verspeist und anschließend die Beweisfotos vernichtet. Schrecklich. Ausnahmsweise hatte die *Taz* recht, die den Hummerskandal als »ganz kleine Geschichte« abtat.

Dennoch bot sie Mainstream-Journalisten wieder Gelegenheit, der PDS-Abgeordneten Doppelmoral vorzuwerfen, sie als »Hummer-Kommunistin« (*Bild*) zu bezeichnen. Mehr noch: Endlich hatte man biografischen Zugriff auf eine Person »deren Namen viele Menschen zwar kennen, von der sie jedoch sonst so gut wie nichts wissen« (*Taz*). Wagenknecht bekannte sich schuldig, erwiderte jedoch gegenüber der *Taz*: »Ich tue nichts, was ich anderen verwehre, im Gegenteil. Ich kämpfe für eine Gesellschaft, in der es sich jeder leisten kann, Hummer zu essen.« Diese Erklärung erinnert an eine Lenin-Anekdote: Als der Bolschewiken-Chef vor Arbeitern sprach, trug er einen Nadelstreifenanzug. Da rief ein Zuhörer: »Du willst uns vertreten?! Schau mal deine Kleidung...« Darauf Lenin: »Zwischen uns herrscht ein Missverständnis: Ich will dich zu mir heraufziehen und nicht zu dir hinabsteigen.«

Auch Wagenknecht bewertet asketische Lebensführung bei sozialistischen Politikern als fragwürdig: Wenn jemand nichts vom »guten Leben« hält, warum sollte er anderen dazu verhelfen wollen? Das enthält eine Parallele zu ihrem Lieblingslyriker Heinrich Heine: Der wusste gutes Leben zu schätzen, schrieb dennoch mit *Die Weber* ein packendes Gedicht über Armut, Wut und Aufstand. Fazit: Lediglich Tierschützer hätten das Recht gehabt, Wagenknechts »Skandal-Dinner« zu kritisieren. Immerhin werden Hummer lebendig gekocht.

Wagenknecht erkannte, dass sie in Brüssel und Straßburg in einem Hamsterrad saß, und wollte raus. Die verschobene Machtbalance in der Partei bot ihr die Chance: Die Aufnahme von Oskar Lafontaine und seinen Anhängern aus der Wahlalternative Soziale Gerechtigkeit (WASG) hatte nicht nur zu einer Veränderung des Parteinamens geführt: zuerst in Linkspartei.PDS (2005) und schließlich in Die Linke (2007). Vor allem hatte die Fusion das Gewicht ihrer alten Widersacher Gysi und Bisky geschmälert. 2007 zog sie in den Parteivorstand ein, 2010 konnte sie sogar stellvertretende Parteivorsitzende werden.

Er kam, sah und siegte

Wagenknechts Hinwendung zur Marktwirtschaft ist undenkbar ohne Oskar Lafontaine. Die beiden trafen sich zum ersten Mal 2004 während des EU-Wahlkampfes. Er war damals noch mit Christa Müller, ebenfalls einer Ökonomin, verheiratet und hatte noch das SPD-Parteibuch. Trotzdem sagte er zu, an einer gemeinsamen Veranstaltung gegen das EU-Entsendegesetz (siehe oben) teilzunehmen. Als Wagenknecht den Sozialdemokraten erstmals zur Planung traf, analog, ohne mediale Vermittlung und öffentlichem Posing, ohne Werbeslogan und Mikrofon, da soll es begonnen haben – jenes Knistern, das zu Leidenschaft und späteren Heirat führte. Der Kontakt intensivierte sich, als er im Mai 2005 aus der SPD austrat; vermutlich zuerst auf platonischer Ebene, denn sie war ja noch mit Niemeyer verheiratet. Lafontaine wurde, ähnlich wie früher Hacks, ihr Ratgeber und väterlicher Lehrmeister. Seine sozialdemokratische Handschrift findet sich in allen ihren Veröffentlichungen seit 2005 und verdrängten den marxistisch-leninistischen Dogmatismus früherer Jahre. Statt Klassenkampf propagierte auch sie fortan eine *Politik für alle* – so der Titel von Lafontaines Streitschrift aus dem Jahr 2005.

Was brachte sie zusammen? Zum einen war und ist der Saarländer eine politisch faszinierende Persönlichkeit. Er gehörte in der SPD zu sogenannten Enkeln von Willy Brandt und opponierte ab Ende der siebziger Jahre von links gegen die pragmatische Linie des »Eisernen Kanzlers« Helmut Schmidt. Mit den von diesem propagierten preußischen Tugenden könne man »auch ein KZ betreiben«, höhnte er. Dann stellte er sich gegen die von Schmidt eingefädelte Raketennachrüstung der NATO und propagierte 1983 in einem seiner ersten Bücher (*Angst vor den Freunden*) einen von De Gaulle inspirierten Antiamerikanismus, der auch mit dem NATO-Austritt spielte. Das alles passte zu Wagenknecht. Am meisten dürfte ihr aber gefallen haben, dass ihr Oskar 1990 als SPD-Kanzlerkandidat gegen die Wiedervereinigung auftrat, sie zumindest bremsen wollte. Er plädierte offen für eine Konföderationslösung und lehnte vor allem die Währungsunion ab. Mit diesem Kurs verlor er zwar die Bundestagswahl krachend gegen den »Einheitskanzler« Helmut Kohl, vor allem im Osten folgten ihm die Menschen nicht. Bei der Minderheit der SED- und später PDS-Anhänger aber verschaffte ihm diese Position Respekt. Dass er während eines Auftritts von einer geistesgestörten Attentäterin mit einem Messer lebensgefährlich verletzt wurde und trotzdem weiterkämpfte, trug zu seinem Nimbus bei.

Den ersten Eindruck von Lafontaine erhielt Wagenknecht in jenem Wahlkampf, sie sah ein Plakat mit seinem Konterfrei. Das prangte in Jena während ihres Philosophiestudiums. Später wusste sie noch genau, an welchem Ort es hing – ein Hinweis auf den starken Eindruck, den er hinterließ. Erste Begeisterung für seine Rhetorik packte sie im November 1995: Im Hotelzimmer, kurz vor Verhaftung ihres Lovers Ralph Niemeyer, verfolgte sie die TV-Übertragung vom Mannheimer SPD-Parteitag. Das war zunächst eine der üblichen Schlaftablettenveranstaltungen, die

Wahl von Rudolf Scharping (»Genosse trocken Brot«) zum Bundesvorsitzenden war fest eingeplant. Da geschah etwas, was in der über 100-jährigen Geschichte der Sozialdemokratie noch nie passiert war: ein Putsch gegen den designierten Chef auf offener Bühne. Lafontaine nutzte sein Referat zur Finanzpolitik, um selbst seinen Machtanspruch anzumelden, und versetzte die Basis mit einer kämpferischen Rede geradezu in Raserei. Einer seiner Inhalte erwärmte ganz besonders das Herz der Genossen: Seine Kampfansage an Bundeswehreinsätzen außerhalb des NATO-Gebietes – damals ging es um das zerfallende Jugoslawien. An derselben Front kämpfte Wagenknecht damals in ihrer eigenen Partei: Zwar hielt der Antimilitarismus noch, aber rund um Gysis Ehefrau, die damalige Bundestagsabgeordnete Andrea Lederer, gab es erste Aufweichungstendenzen. Diesem Kurs blieb der Saarländer treu, als er im November 1998 Finanzminister in der ersten rot-grünen Koalition unter Gerhard Schröder wurde. Schon im Februar 1999 schmiss er, verraten von seinem Kanzler, den Bettel hin und musste ohnmächtig mit ansehen, wie seine Partei von Joschka Fischer am humanitären Nasenring in den ersten deutschen Kriegseinsatz nach 1945 gezogen wurde. Als die Bomben auf Belgrad fielen, hielt er Reden auf Friedensdemonstrationen.

Aber es gab in jenen Jahren auch Positionen bei Lafontaine, die Wagenknecht nicht gefielen. 1998 schlug der frischgebackene Bundesfinanzminister nämlich eine Reform der angeblich bankrotten Arbeitslosenversicherung vor, die spätere Hartz-Vorschriften vorwegnahm. So verlangte er knallharte Bedürftigkeitsprüfungen vor der Auszahlung von Stütze. Wer über Sparvermögen oder einen finanzstarken Partner verfüge, dem solle der Staat die Zuwendungen kürzen. Wagenknecht schäumte vor Wut, sprach von »Lafontaines Horrorplan«, der die Arbeitslosenversicherung quasi abschaffe und jeden Betroffenen gleich in die Sozialhilfe schicke. Sie stand damit nicht allein: Auch Gewerkschaftler empörten sich. Die Zeitung *Die Woche* schrieb: »Oskar greift zur Axt.« Fast wie eine Entschuldigung für diesen Fehltritt wirkt Lafontaines im folgenden Jahr erschienene Buch *Das Herz schlägt links* (1999) – eine Stellungnahme im damaligen Linienkampf der europäischen Sozialdemokratie, ausgelöst durch das neoliberale Manifest von Schröder und dessen britischen Amtskollegen Tony Blair. Lafontaine dagegen: Deutschland könne sich an der US-Wirtschaftspolitik orientieren, aber keinesfalls an deren Sozialpolitik.

So wenig wie für Lafontaines Reformvorstoß begeisterte sich Wagenknecht für die Fusion von WASG und PDS. Im Juni 2005 donnerte sie: Damit werde die PDS »sozialdemokratisiert«.

Das Traumpaar der Linken

Sechs Jahre lang hielten beide ihre immer intensivere Beziehung vor der Öffentlichkeit geheim, obwohl die Gerüchteküche längst überkochte. Auf jeglichen Klatsch reagierte Lafontaine verärgert. Die Bombe knallte schließlich im November 2011: Wagenknecht war soeben zur ersten Stellvertreterin von Gysi, dem Fraktionschef im Bundestag, gewählt worden. Wenige Tage darauf gestand Lafontaine: »Ich lebe seit einiger Zeit getrennt und bin seit einiger Zeit mit Sahra eng befreundet.« Die *B.Z.* sparte nicht mit Superlativen: »Es wäre das stärkste Power-Paar der deutschen Linken seit Rosa Luxemburg und Karl Liebknecht.« Und: »Womöglich sehen wir sie bald in der Ahnengalerie großer Paare der Weltgeschichte wie Napoleon und Josephine, Brad Pitt und Angelina Jolie oder Oliver Pocher und Sandy Meyer-Wölden.« Andere feierten die Liebe als »politisches Märchen« (Christian Schneider), als Symbol der Vereinigung von Ost und West. Es gab boulevardeske Foto-Galerien mit Titeln wie »Sahra und Oskar in Love« (*Welt*). 2014 wurde die Beziehung zwischen der 45-Jährigen und dem 71-Jährigen via Standesamt besiegelt.

Der »Napoleon von der Saar« war auch als Mann attraktiv – wie sein Ebenbild Bonaparte. Wie sie hatte er den Vater in frühen Jahren verloren: Er fiel im Zweiten Weltkrieg. Aus der Kinder-Perspektive heißt das in beiden Fällen: Der Vater ging und kam nicht wieder. Aber konträr zur kleinen Sahra wurde Oskar unter Gleichaltrigen sozialisiert. Als klassischer Halbstarker der fünfziger Jahre führte er ein Rudel Gleichaltriger und rebellierte gegen die Internatsordnung. Die *Zeit* bezeichnete ihn als »rebellisch, eigenwillig, zügellos« – Charaktereigenschaften, die man auch bei Wagenknechts anderen Männern Niemeyer und Dehm findet.

Vor Wagenknecht war er schon drei Ehen eingegangen und 1998 noch nebenher mit der Liedermacherin Bettina Wegener liiert gewesen. »Er war ein Womanizer«, sagt ein Vertrauter, der ihn oft in der Staatskanzlei besuchte, in der er in seiner 13-jährigen Amtszeit als Ministerpräsident des Saarlandes residierte. »Jedesmal, wenn ich bei ihm vorbeikam, hatte er eine neue Sekretärin, immer mit kurzem Rock und hohen Absätzen. Er ging bei der Auswahl seiner Mitarbeiterinnen immer nach dem Prinzip vor, dass sie auch optisch etwas hermachen mussten, das brauche er für seine Inspiration.« Zu dem Bild als Lebemann passt auch die sogenannte Rotlicht-Affäre, als ihm die CDU-Opposition Verbindungen ins Puff-Milieu anhängen wollte. Lafontaine konnte die Vorwürfe juristisch allesamt entkräften, doch der Haut gout blieb an ihm hängen – ohne ihm allerdings zu schaden.

Das Casanova-Image wurde nämlich abgeschwächt durch seinen christlichen Hintergrund. Nach dem Besuch eines Jesuiten-Internats begann der brave Katholik ein Physik-Studium an der Universität Bonn, finanziell unterstützt durch die Begabtenförderung des kirchlichen Cusanus-Werkes. Parallel dazu las er die damals populären Philosophen Jean-Paul Sartre und Albert Camus. Beide starteten als atheistische Existenzialisten, die die Welt als »absurd« (Camus) und den Menschen als »zur Freiheit verurteilt« (Sartre) begriffen. Hier bot sich für Leser wie Lafonainte ein Anknüpfungspunkt zur christlichen Soziallehre. Die fordert nämlich beides, Freiheit und Barmherzigkeit gegenüber den Schwachen. Für Lafontaine ist Sozialismus ein säkularisiertes Christentum. Dem katholischen *Domradio* sagte er einmal: »Ja, das überrascht sicherlich – weil viele das Vorurteil haben, dass die Linke dem Christentum der katholischen Kirche kritisch gegenübersteht. Das ist aber ein Vorurteil, das aus früheren Zeiten stammt und heute nicht mehr gilt. Unabhängig von der Frage, ob man gläubig oder nicht gläubig ist, gibt es für mich keinen Zweifel daran, dass unser Parteiprogramm der katholischen Soziallehre am nächsten kommt. Die Linke ist die einzige Partei in Deutschland, die den Satz von Papst Franziskus unterschreiben kann: Diese Wirtschaft tötet.«

Gegensätze zwischen Kirche und Sozialismus waren aus Lafontaines Sicht »nie gerechtfertigt, weil die Botschaft des Christentums mit den Forderungen des Sozialismus viele Ähnlichkeiten aufweist. Das Christentum spricht von Nächstenliebe, der Sozialismus spricht von Solidarität. Die wörtliche Übersetzung der Forderung des Christentums "Du sollst deinen Nächsten lieben wie dich selbst" lautet ja: "Du sollst deinen Genossen liebhaben, dir gleich." Das weist darauf hin, dass auch diejenigen Recht haben, die sagen, der Sozialismus ist säkularisiertes Christentum. Insofern hatte der Staatssozialismus früherer Jahrzehnte, so wie Stalin ihn praktiziert hat, mit der ursprünglichen Botschaft nichts gemein.«

Wie sich Lafontaines und Wagenknechts Denken berührten, zeigt sein Ausspruch aus dem Jahr 2006: »Das Programm des Sozialisten ist ein radikales Freiheitsprogramm, wobei der Sozialist weiß, dass Freiheit nur realisiert werden kann, wenn die soziale Existenz gesichert ist – das weiß der Neoliberale und der Konservative nicht. Freiheit heißt, richtig verstanden, auch, dass nicht die Wirtschaft herrscht, sondern das Volk. Dagegen haben wir in einer neoliberalen Welt, in der 500 Konzerne die Hälfte des Weltsozialprodukts steuern und Regierende nur noch zu Marionetten werden, einen Verlust der Demokratie. Ich zitiere einmal für Amerika Fritz Stern, den renommierten Historiker. Er bezeichnet die USA als eine christlich-fundamentalistische Plutokratie. Ich glaube, dass er den Verlust der Demokratie in den Vereinigten Staaten zutreffend beschreibt.«

Bei Wagenknecht bemerkte der Saarländer schnell, dass sie »keine Rudelführerin« war. Diese Stellung erfordert nämlich eine Eigenschaft, die ihr völlig fehlt: die Kunst der Verstellung. Die ist entscheidend bei jeder Strategie, bei jeder Diplomatie. Aber Wagenknecht ist für solche Spiele ungeeignet. Sie ist authentisch, maskiert sich nicht, ist ein offenes Buch für ihr Gegenüber. Ihr Denken und Fühlen kann unzensiert gelesen werden. Das mag ihr die Wertschätzung mancher Moralphilosophen einbringen. In der Berufspolitik ist es ein klarer Minuspunkt. Deren Spielregeln wurden von Niccolo Machiavelli protokolliert. Vor diesem Hintergrund war es ein genialer Coup, dass die charismatische Diva und der Rudelführer sich zusammentaten. Zumal seine Fähigkeiten auf sie abfärben sollten.

Im Podcast-Gespräch mit der Entertainerin Désirée Nick (2023) erläuterte Wagenknecht die Funktion Lafontaines in ihrem Leben: Nach einer anstrengenden Sitzungswoche freue sie sich auf das Ausspannen am Freitagabend. Das sei nur durch seine Mithilfe möglich: »Ich werde dann auf Händen getragen, und das ist einfach wunderschön. Ich glaube, sonst würde ich das gar nicht durchhalten.« Denn was »ich mir gar nicht vorstellen könnte, wenn man dann noch zu Hause Spannungen hätte, Ärger und Streit – dann muss man wahnsinnig werden.«

Einen Wermutstropfen räumte Wagenknecht ein: »Es ist nur schade, dass wir uns so spät kennengelernt haben. Für eine Familiengründung war es zu spät.« Bleibt freilich die Frage: Hätte es zu einem früheren Zeitpunkt zwischen beiden überhaupt gefunkt? Und hätte das tatsächlich zu Kindern geführt? Ein Wagenknecht-Statement gegenüber der Illustrierten *Bunte* kommt der Wahrheit wohl näher: »Irgendwann war es leider zu spät. Und vorher ging es mir wie vermutlich vielen Frauen, die im Beruf sehr eingespannt sind: Man denkt, man hat noch viel Zeit.« So musste sie sich mit der Rolle der »Stiefmutter« für Lafontaines Söhne und deren Nachwuchs begnügen. O-Ton Wagenknecht: »Wir haben drei Enkelkinder, das ist auch wunderbar.«

V. Raus aus dem linken Ghetto

Vorstoß zur Spitze

Wagenknechts Einzug in den Bundestag 2009 eröffnete ihr ganz neue Wirkmöglichkeiten. Im Vorfeld bereitete sie sich gründlich vor, feilte an ihrer Rhetorik, studierte alte Parlamentsdebatten »von Erhard über Brandt, Wehner bis zu Hamm-Brücher oder selbst noch Genscher«. Das seien noch wirkliche Persönlichkeiten gewesen, »die verkörperten etwas, die formulierten richtige Sätze, erschöpften sich nicht in Phrasen«. Im Gegensatz zu den Zeitgenossen. Es lohne nicht, »sich etwa an Westerwelle abzuarbeiten: Er redet über Menschen, von denen er keine Ahnung hat. Er weiß nicht, wie barbarisch es ist, 40 oder 50 Jahre alt zu sein, von Hartz IV zu leben mit dem Gefühl: Da komm ich nicht mehr raus. Westerwelle: Das ist kein Inhalt, kein Niveau, kein Gedanke, nur ein Satz – Steuern senken!«, sagte sie dem *Stern*. Ihre Schussfolgerung: »Dass das System im Niedergang ist, sieht man auch an der Politikerkaste.«

Aber bevor sie in den Bundestag einziehen konnte, musste sie noch innerparteiliche Hürden überwinden. Manche Linken-Politiker misstrauten der roten Diva immer noch. Ihre Mitgliedschaft in der Kommunistischen Plattform sorgte weiterhin für Stalin-Assoziationen. »Sie würde die Wähler nur abschrecken«, sagte ein Funktionär aus dem Ruhrpott. Also versuchte die Parteispitze, sie auf Platz 9 der NRW-Landesliste abzuschieben. Auf dem Nominierungsparteitag wehrte sie sich erfolgreich und kam doch noch auf Platz 5. Das Wahlergebnis war hoch zufriedenstellend: Während die Ex-Volkspartei SPD auf ein Rekordtief von 23 Prozent abfiel, stieg die Linke auf die Rekordhöhe von 11,9 Prozent. Wagenknecht war drin!

Kurz darauf musste Oskar Lafontaine seine politische Karriere unterbrechen. Eine Kandidatur für den Fraktionsvorsitz im Oktober 2009 war unmöglich geworden. Grund: Prostatakrebs. Ein Schock. Im Februar 2010 wurde der Politiker erfolgreich operiert. Erst anderthalb Jahre später, im März 2011, konnten die Medien eine Erholung und 2013 die vollständige Ausheilung bekanntgeben. Beim Rücktritt empfahl Lafontaine seine Freundin als Nachfolgerin. Gysi lehnte ab und gestand ihr nur den Vize-Vorsitz zu – er wusste von der damals noch geheimen Liaison und fürchtete das Duo. Eine unmittelbare Konfrontation mit der linken Diva wollte Gysi nicht riskieren: »Außerdem befürchtete ich aus Erfahrungen mit Sahra Wagenknecht, dass sie für die sogenannte Kärnerarbeit in der Fraktion kaum zur Verfügung stehen würde, seien es nun Arbeitskreise, Vorlagen, Vorstandssitzungen oder Fraktionsversammlungen. Eine Erleichterung in der Alltagsarbeit hatte ich also nicht zu erwarten. Oskar Lafontaine gab sich gar nicht erst die Mühe, das zu entkräften. Aber er verwies auf die wichtige, unverwechselbare Außenwirkung "seiner" Kandidatin.«

Gysi hielt dagegen, man könne ihren Diven-Appeal auch durch verstärkte Medienpräsenz nutzen. Dazu brauche sie nicht den Posten an der Fraktionsspitze. Lafontaine war damit gar nicht einverstanden, die Spannung zwischen beiden Alpha-Tieren stieg, und die Partei erhielt die Quittung: Bei der Bundestagswahl 2013 stürzte sie von 11,9 auf 8,6 Prozent ab...

Exkurs I: Kleidung und Verkleidung

Der Psychologe Michael Städtler, langjähriger Begleiter der Star-Politikerin, der Hacks-Freund André Müller sowie ihr Biograf Christian Schneider vermuten: Sahra Wagenknechts Psyche enthalte gleichermaßen kindliche wie erwachsene Anteile. Diese Spaltung spiegele sogar ihre Stimme: Die unterscheide sich in öffentlicher Rede stark von der im privaten Umfeld. In Bezug auf die Public-Performance lässt sich sagen: Bestand ihr Charisma einst in Authentizität, in ihrer Unverstelltheit, so gelang ihr später zunehmend die Trennung zwischen privatem und öffentlichem Auftritt. Mochte sie privat als sensibel und verletzlich gelten: In der Öffentlichkeit zeigte sie, selbst bei krassen Attacken, eine beneidenswerte Beherrschung. Eine Souveränität, die ihre formvollendete Körperhaltung unterstreicht. Die werde – so der Journalist Tomo Pavlovic – »in diesem Land der Rückenleidenden« von niemandem übertroffen: »Die 50-Jährige hält sich, als würde sie auf ihrem Kopf eine unsichtbare Karl-Marx-Büste balancieren.«

Bei Diven-Auftritten ist freilich auch der Kleidungsstil entscheidend. Benutzte sie als Jugendliche die Kostümierung zur mystischen Kontaktierung ihres Vaters oder Goethes, so dient sie jetzt zur Unterstreichung des öffentlichen Images. Tatsächlich wird kaum über den Kleidungsstil einer Politikerin derart gerätselt wie über ihren. Provozierten die Hosenanzüge von Bundeskanzlerin Angela Merkel meist milden Spott, so besitzt Wagenknechts Verhüllung Orakelfunktion. Dabei streitet sie selber eine solche Bedeutung regelmäßig ab. Als Motivation nennt sie lapidar: »Wenn man sehr ungünstig aussieht, entwertet das irgendwie auch den Inhalt.« In einer Talkrunde (2019) mit dem Titel *Mode trifft Politik*, an der auch Designerstar Wolfgang Joop teilnahm, behauptete sie: »Ich bin ja jemand, der von Mode eigentlich gar nichts versteht.« Nie habe sie dieses Metier studiert, ihre Kaufentscheidung beruhe auf purer Intuition. Auf die Frage, ob sie jemals ein Kleidungsstück von Joop gekauft habe, lautete ihre Antwort: »Ich gucke nicht auf die Marken.« Das änderte jedoch nichts daran, dass Medien wie die *Stuttgarter Zeitung* sie zur gleichen Zeit als »linke Stilgöttin« bezeichnen. In dem Artikel heißt es: »Ihr Schrank birgt ein finsteres Geheimnis: Verzicht kann so stilvoll sein! Mit Vorliebe schlüpft sie in Kostüme und gerade geschnittene Röcke. Sie ist selbstbewusst, kennt keine Dekolleté-Scham. Wagenknechts Kleidung hat etwas Zeitloses, betont Unmodisches und jagt Neoliberalen und Barbourjackenträgern damit eine Heidenangst ein. Meist unterstreicht die Genossin mit ihren Oberteilen Hals und Nacken, ist doch das hochgesteckte Haar ihr Markenzeichen.« Auch wenn sie die Frage verneinte, ob ihre Hochsteckfrisur Rosa Luxemburg zitiere – Haar- und Kostümhommagen an Prinzessin Laia, Frieda Kahlo und Josephine Bonaparte unternahm sie trotzdem. Doch der Reihe nach.

Starten wir mit dem Unspektakulärsten, dem Josephine-Outfit. Der Kostümauftritt zur Karnevals-Sitzung 2012 in der Saarbrücker Saarlandhalle besaß kaum politischen Subtext. Oskar Lafontaine besuchte die Karnevalsgesellschaft

»M'r sin nit so« als Napoleon Bonaparte, und Sahra Wagenknecht ging als dessen Ehefrau Josephine. Natürlich gibt es Bezüge zu Wagenknechts Privatmythologie: Hatte Hegel den französischen Kaiser nicht als »Weltseele« bezeichnet? Außerdem begrüßte Napoleon den Dichter Goethe bei einer Audienz mit den Worten: »Voilà un homme!« Aber Josephine hat an diesen Szenarien keinerlei Anteil.

Die zweite Verkleidung: Frida Kahlo – Wagenknechts Lieblingsmalerin – für eine Fotoreihe der Illustrierten *Gala*. Das frischgebackene Model: »Ich habe lange überlegt, ob ich diese Fotostrecke mache. Die Anfrage lag ein halbes Jahr bei mir.« Sie habe nur wegen des »persönlichen Bezugs« zu Kahlo zugesagt. Die Surrealistin aus Mexiko war zeitweise Mitglied der kommunistische Partei, hatte sogar eine Affäre mit dem russischen Exilanten Leo Trotzki. Nach einem Unfall litt sie bis zum Ende ihres kurzen Lebens an fürchterlichen Schmerzen, die sie in ihrer Malerei verarbeitete. Ihre Person steht für eine enge Verbindung zwischen Kunst und revolutionärer Politik. Wagenknecht schlüpfte in ein farbiges Gewand, bekränzte ihren Kopf und posierte so für ein Kahlo-Bildnis »mit abgeschnittenem Haar«.

Die Medien waren fasziniert. Gegenüber der *Bild*-Zeitung äußerte sich die Politikerin über die Mexikanerin: »Sie war eine mutige Frau, die die sozialen Ungerechtigkeiten ihrer Zeit engagiert bekämpft hat. Sie hat wunderbare ausdrucksstarke Bilder gemalt. Und ich habe größten Respekt, wie sie trotz der schlimmen Unfallfolgen nie ihren Lebenswillen und ihre Lebensbejahung verloren hat.« Schon als Kind habe sie gerne Perücken aufgesetzt, weil Verkleidung auch versteckte Facetten der eigenen Person aufdecke: »In der Politik muss man leider so tun, als trage man einen Panzer, auch wenn die eigene Haut viel dünner ist.« Auf die schwachsinnige Frage des Reporters, ob »sich eine Politikerin so inszenieren dürfe«, antwortete sie nur: »Das müssen andere beurteilen.« Nun, das Publikum hatte keinen Einwand. Der Friedrich Verlag stellte sogar ein Info-Paket zum Kahlo-Shooting als Unterrichtsmaterial für Spanisch-Studien bereit.

Dritte Verkleidung: Prinzessin Leia. Bei der Aachener Verleihung des Ordens »Wider den tierischen Ernst« tragen die Geehrten stets bizarre Kostüme. Besonderes Aufsehen erregte die FDP-Politikerin Marie-Agnes Strack-Zimmermann im Jahre 2023 mit ihrem Vampir-Dress. Aber 2015 sorgte auch Wagenknechts Outfit für Schlagzeilen: Kam sie doch im strahlend weißen Prinzessin Leia-Kleid. Prinzessin – das war ein weiterer Adelstitel neben der roten Zarin. Außerdem zählt das Kostüm zu Wagenknechts seltenen Reminiszenzen an populäre Kultur. Bereits in der Ankündigung wurde sie als »temperamentvolle Powerfrau« mit »erstklassigen Bühnenreferenzen« bezeichnet (gemeint waren natürlich »politische Bühnen«). Zwei Herzen schlügen in ihrer Brust: Das eine für die Politik, das andere für die unendlichen Weiten des Weltalls. Der *Star Wars*-Soundtrack ertönte. Ein R2D2-Imitat brauste durchs Publikum. Prinzessin Wagenknecht, mit einer Frisur wie Carrie Fisher im Finale des ersten Films, begrüßte die Anwesenden mit »Guten Abend, sehr geehrte Jedi-Ritterinnen und Jedi-Ritter«. In ihrer Rede packte sie das Gros bundesdeutscher Politiker in den *Star Wars*-Kosmos: Darth Vader wurde zu »Darth Seehofer«, Angela

Merkel zum Imperator des Todessterns. Auch »Jedi-Yoda-Schäuble« bekam sein Fett ab. Als prophetisch für die kommenden Jahre erwies sich die Warnung an die kleine »Kolonie Germania«, sich nicht mit dem »Großreich im Osten« anzulegen. Zum Schluss der legendäre Jedi-Spruch: »Möge die Macht mit euch sein!«

Natürlich war diese Verkleidung keine Willkür: »Ich kann mich mit Leia identifizieren«, zitierte sie die *Aachener Zeitung*. Damit stellt sich Wagenknecht in eine Tradition linker Theoretiker. Nachdem der erste *Star Wars*- Film (1977) bei der Friedensbewegung wegen antisowjetischer Kriegspropaganda auf Ablehnung gestoßen war, identifizierten sich postmoderne Linke wie Michael Hardt und Antonio Negri (*Empire*), aber auch Christoph Spehr, der schriftstellernde Chef der Bremer PDS, mit den rebellischen Sternenkriegern, die ein global-galaktisches Imperium bekämpften. Für sie waren Darth Vader und der Todesstern Symbole des allzerstörenden Kapitalismus.

Solche Verkörperungen, als Frida Kahlo oder als Prinzessin Leia, funktionieren nur bei einer geborenen Schauspielerin. Wie hätten wohl Lothar Bisky als Batman oder Gregor Gysi als James Bond ausgeschaut? Oder Christine Lambrecht als Wonder Woman? Unmöglich. Pure Peinlichkeit. Umgekehrt bei Wagenknecht: Bereits in jungen Jahren ein verkappter Bühnen-Charakter (Schmerzensreich bei Hacks), avancierte sie 2020 gar zur Filmfigur: in dem Dokustreifen *Wagenknecht*. Die Regisseurin begleitete sie bei ihrem Wahlkampf 2018 und in den folgenden Monaten. Das Publikum sieht sie beim Radsport, in Hotelzimmern, bei Wahlkampfreden, während der Autofahrt und kurzen Telefonaten mit Ehemann Oskar. Beim Durchgehen ihrer E-Mails stößt sie auch auf Bittschriften wie »Sahra, ich will ein Kind von Dir«. Sie sei halt ein »Popstar«, kommentiert ihr Mitarbeiter achselzuckend: Da komme so etwas vor. Ihr eigener Kinogeschmack hat sich übrigens der Höhe ihrer polititschen Theorie angepasst. 2020 nach ihrem Lieblingsfilm befragt, lautete die Antwort: *Sorry, we missed you* (2019) von Ken Loach. »Ein wirklich guter Film über das ganze Elend des heutigen Arbeitsmarktes.«

Der alte Trotzkist Loach sei ohnehin ein »wunderbarer Regisseur«.

Exkurs II: Die Kunstliebhaberin

Der *Wagenknecht*-Film zeigt ein Buch, das demonstrativ in ihrem Büro platziert wurde: einen Bildband über Joseph Beuys und Anselm Kiefer. Tatsächlich lassen sich die zwei Gegenwartskünstler gut miteinander vergleichen. Beider Imagination schöpft aus den Mythen der Vergangenheit. Ihr Werk enthält zahlreiche Verweise auf Goethe, insbesondere beim Rudolf-Steiner-Adepten Joseph Beuys: Schließlich ist Goethe neben Richard Wagner entscheidender Stützpfeiler anthroposophischer Theorie. Außerdem bezeugen Beuys' und Kiefers Werke eine starke Naturverbundenheit, ein ökologisches Bewusstsein, sowohl in Theorie, Themenstellung als auch in ihren Materialien: Kiefer arbeitet mit Holz,

Harz, Pflanzen, Asche. Beide Künstler stellen existenzielle Fragen, dringen in metaphysische Sphären vor, Beuys kreierte sogar ein politisches Reformprogramm, das auf Steiners ganzheitlichem Weltbild basiert.

Zu all dem gibt es Anknüpfungspunkte bei Wagenknecht, die der Natur eine künstlerische Großpotenz unterstellt: »Die Natur ist ein faszinierender Künstler. Im Frühjahr sind wir eigentlich immer am Mont Ventoux, einem Berg in der Provence. Die Kirschen blühen weiß und hellrosa, und im Hintergrund ist dieser majestätische Berg, auf dessen Gipfel noch Schnee liegt. Niemand malt am Ende so reproduzierbar schön wie die Natur.« Eine künstlerische Darstellung des Mont Ventoux von Till Neu hängt in ihrem Büro: »Es ist vielleicht das einzige Bild, zu dem ich einen ganz direkten Zugang habe. Wenn ich an einem hektischen und anstrengenden Tag müde und ausgebrannt in meinem Büro sitze, dann muss ich es nur ansehen, und schon geht es mir besser. Mont Ventoux ist mein persönlichstes Bild.« (*Welt*) Bergwandern ist für die Politikerin ein ästethisches Erlebnis: »Da denke ich dann über größere Fragen nach, nicht über die Linkspartei.«

Ihre erste Begegnung mit der Malerei hatte Wagenknecht auf ihrer Abiturreise in St. Petersburg. Dort verbrachte sie drei Tage in der Eremitage. Nach dem Mauerfall konnte sie »endlich die Bilder der Renaissance im Original sehen (...), die Goethe in seiner *Italienreise* beschrieb«. Und später besuchte sie die Seerosen von Monet im Musée de l'Orangerie in Paris. Bis heute sei sie überwiegend von Klassikern und Impressionisten beeindruckt.

Zu Wagenknechts Favoriten der Gegenwartskunst zählt auch der Kirchenmaler Michael Triegel. 1968 geboren, hatte er im Jahre 1995 in einer römischen Basilika sein künstlerisches Erweckungserlebnis: »Ich hatte da wirklich so im Goetheschen Sinne meine zweite Geburt«, vertraute er 2011 der *Zeit* an. Allerdings ist Triegel kein braver Auftragsmaler. Seine Bilder öffnen die katholische Mythologie ohne Denunziations-Absicht, ganz im Sinne früherer Meister wie Albrecht Dürer. Über Triegels Porträt von Papst Benedikt XVI. schrieb *Die Zeit*: »Mit Benedikts konzentriertem Gemälde (...) schuf Triegel nicht nur sein bestes Werk. Er gibt auch dem Genre des Papst-Porträts neuen Sinn (...) Triegel hat nicht nur den Papst, er hat die katholische Kirche porträtiert: herrisch und zweifelnd, überheblich und gebrechlich. Er hat geschafft, was der Kirche in letzter Zeit nicht immer gelang: sich menschlich zu zeigen.« Wagenknecht stimmte dem zu: »Das ist ein geniales Porträt, das mehr über den Porträtierten erzählt als ein ganzes Buch.« Triegels Bilder »hätten den Anspruch altmeisterlicher Kunst in unsere heutige Zeit übertragen. Das sind keine Kopien der Alten und gleichzeitig kein billiger Modernismus«.

Zum »billigen Modernismus« gehören für Wagenknecht jene Werke, die Wolfgang Ullrich unter dem Begriff »Siegerkunst« zusammengefasst hat: Produktionen, die ökonomischen »Siegern« als Kapitalanlage und Prestige-Objekt dienen. Wagenknecht: »Wenn etwa jemand wie Jeff Koons einen goldenen Hund herstellen lässt, der wie ein aufgeblasener Luftballon aussieht, und dieser für mehrere Millionen verkauft wird, dann ist das für mich eine rein kommerzielle Veranstaltung. Hier legen Superreiche ihr Geld in der Hoffnung an, dass sie es ein paar Jahre später vielleicht für noch mehr Geld verkaufen können. Aber Kunst? Das ist so etwas für mich nicht.«

Die große Rochade

Seit der Wiedervereinigung hatte sich Wagenknecht vor allem bei historischen Fragen mit der Linken-Spitze gestritten, also etwa bei der Bewertung der DDR, hinzu kamen strategisch-taktische Differenzen: Soll die Partei auf SPD und Grüne zugehen und eine Koalition anstreben, oder soll sie auf knallharte Opposition orientieren? Widersprüche in der Wirtschafts- und Finanzpolitik gab es dagegen kaum, zumindest nicht im Konkreten. Auch Reformer wie Gysi und Bisky teilten ja die marxistische Position ihrer Rivalin, dass Krisen dem Kapitalismus immanent seien. Ab 2010 änderte sich der Linienstreit. Wagenknecht begann Positionen zu beziehen, die in der Wahrnehmung ihrer Kritiker nicht mehr links von der Parteilinie waren, sondern nach rechts ausscherten.

Der erste dieser Streitpunkte war die Euro-Krise, die mit dem Staatsbankrott Griechenlands und den folgenden Rettungsmaßnahmen – in Wahrheit Totsparprogrammen – der EU-Troika ihre Fortsetzung fanden. In Athen führte das Desaster zu einer völlig neuen Regierungskoalition aus der linksradikalen Syriza und der rechtspopulistischen Ano, der Bruderpartei der AfD. Auch in Deutschland begannen sich die Ränder zu berühren: Ab 2012 begannen die Diskussionen in wirtschaftsliberalen Professorenkreisen um die Notwendigkeit einer Euro-kritischen Wahlalternative, die schließlich im April 2013 zur Gründung der AfD unter ihrem ersten Parteichef Bernd Lucke führten. Wagenknecht nahm die neue Kraft in Schutz: »Wer die Gründer der AfD als Populisten abstempelt, macht es sich zu leicht. In vielen Punkten haben sie mit ihrer Kritik an der derzeit praktizierten Euro-Rettung recht.«

Im Interview mit der *Zeit* missbilligte sie die EU-Austeritätsdiktate für die Schuldnerstaaten (»Wir haben 19 Millionen Arbeitslose im Süden Europas und eine desaströse Sparpolitik, für die die Europäische Kommission als Teil der Troika mitverantwortlich ist. Dort werden ganze Länder entmündigt und in den sozialen Abgrund gestürzt«) und unterstützte den Grexit, den die Links-rechts-Regierung in Athen zeitweilig anpeilte, mit einer klugen Konkretisierung: »Eine Auflösung der Gemeinschaftswährung darf nicht so laufen, dass die Wechselkurse der Spekulation überlassen werden. Es muss Institutionen geben, die die Wechselkurse auf dem Währungsmarkt stabil halten. Und es braucht Kapitalverkehrskontrollen.« Sogleich versuchte die Interviewerin, sie als »rechts« zu verorten: »Sie argumentieren ähnlich wie die AfD. Was unterscheidet Sie noch von der Partei?« Als Wagenknecht entgegenhält, dass die AfD kein soziales Europa wolle, dass ihr damaliger Spitzenkandidat Hans-Olaf Henkel Zeit seines Lebens für niedrige Löhne und Sozialabbau geworben habe, folgert die *Zeit*-Journalistin: »Ist die Linkspartei also die

AfD für Arme?« Sowohl Wagenknecht wie AfD beschwiegen übrigens, dass sich ihre jeweiligen griechischen Partnerparteien in Griechenland in einer Querfront-Regierung zusammengefunden hatten – der ersten Konstellation dieser Art im 21. Jahrhundert.

Im Friedenswinter

Die hellenische Krise war noch nicht ausgestanden, da explodierte schon das nächste Pulverfass. In der Ukraine war im Februar 2014 Präsident Viktor Janukowitsch gestürzt worden, der eine Schaukelpolitik zwischen der EU und Russland bevorzugte. Der Putsch war aus Washington und Brüssel tatkräftig unterstützt worden und führte vom ersten Tag an zur Verfolgung und Liquidierung von Oppositionellen. Im neuen Kabinett hatten faschistische Kräfte wie der Rechte Sektor erhebliches Gewicht. Der Gebrauch der russischen Sprache wurde in der Öffentlichkeit verboten, obwohl ein Viertel bis ein Drittel der Bürger sie als die ihre betrachteten – vor allem im Osten und auf der Krim. Folgerichtig spaltete sich die Halbinsel im April 2022 per Referendum ab und gliederte sich Russland an. Um eine ähnliche Entwicklung im rohstoffreichen Donbass zu verhindern, schickte Kiew Truppen und Nazi-Freischärler – das Schlachten begann.

SPD und Grüne, die bis dahin immer wieder mit Entspannungs-Mimikry auf Stimmenfang gewesen waren, kippten um, die von ihnen hauptsächlich getragene Friedensbewegung löste sich auf. An ihrer Stelle formierte sich eine neue Friedensbewegung in Gestalt der sogenannten Montagsmahnwachen, die bis in den Sommer 2014 hinein die Menschen gegen das antirussische Säbelrasseln und die Sanktionen der NATO auf die Straße brachte. Das neuartige Phänomen wurde von den traditionellen Linken scharf bekämpft. Die frühere Grünen-Chefin Jutta Ditfurth bezeichnete die Protagonisten Lars Mährholz, Ken Jebsen und Jürgen Elsässer sogar als »Antisemiten«. Unter dem Druck der Denunziation spalteten sich die ersten beiden von Letzterem ab und warben um jene Teile der Linken, die zumindest ihre Antikriegsposition noch nicht aufgegeben hatten.

Eine wichtige Scharnierfunktion hatte der umtriebige Diether Dehm, der auch Wagenknecht mit ins Boot brachte. Im Dezember 2014 wurde zu bundesweiten Protesten »Für eine andere Russlandpolitik« mobilisiert, in Berlin wollte man vor dem Schloss Bellevue aufmarschieren. Die Medien erhoben zum ersten Mal gegen Wagenknecht den Querfront-Vorwurf und verwiesen vor allem auf die Teilnahme von Jebsen. Wagenknecht blieb zunächst standhaft. »Ich finde den Aufruf der Berliner Friedenswinter-Demonstration richtig und habe ihn deshalb unterschrieben, genauso wie Elmar Altvater, Albrecht Müller, Reinhard Mey und viele weitere namhafte Persönlichkeiten«, verteidigte sie sich gegenüber der *Zeit*. Und was Jebsen betreffe: »Ein breit getragener Aufruf ist keine Wunschliste der Mitunterzeichner.« Doch das Trommelfeuer ging weiter, sogar die in der Linkspartei stark verankerte Vereinigung der Verfolgten des Naziregimes (VVN) schloss sich an, sodass Wagenknecht ihre Rede kurzfristig absagte. Aus Termingründen, schob sie vor.

Kapitalismus und offene Grenzen

Schon ab 2014 verschärfte sich der Zustrom von Asylbewerbern und kannte nach der Grenzöffnung durch Kanzlerin Angela Merkel Anfang September 2015 nur noch eine Richtung: nach oben. Motor der Entwicklung war der Krieg in Syrien: Radikale Islamisten, unterstützt durch die USA, hatten seit 2011 den Sturz des säkularen Assad-Regimes versucht. Es kam zu Bombardierungen und dem Einsatz von Giftgas. Wagenknecht argumentierte klassisch antiimperialistisch: Es sei »Sache des syrischen Volkes und nicht der Amerikaner, wer in Damaskus regiert«. Der Berliner Koalition schrieb sie ins Stammbuch, dass diese sich zum »Deppen der US-Oligarchen und ihrer Regierung in Washington« mache. Außerdem beschuldigte sie die deutsche Außenpolitik einer Förderung von Islamisten durch »die von Merkel unterstützten Ölkriege der USA und ihrer Verbündeten, denen ISIS erst seine Existenz und Stärke verdankt«. Radikaler noch: Sie verlangte von der Bundesregierung, den USA »als Hauptverursacher der Flüchtlingstragödie« eine Kostenbeteiligung nahezulegen – worauf AfD-Parteivize Alexander Gauland zustimmte. Über die Ausspitzelung Deutschlands durch den US-Geheimdienst NSA twitterte Wagenknecht unter der Überschrift »Neues aus der US-Kolonie«.

Über fünf Millionen Syrer flohen, ein großer Teil davon in die Türkei. Präsident Erdogan ließ sie Richtung EU durchwinken, über die Balkanroute erreichten sie Deutschland. Niedrige Schätzungen gehen für 2015 von einer Million aus, wobei viele Wirtschaftsflüchtlinge aus anderen Ländern kurzerhand ihre Papiere wegwarfen und sich als Syrer ausgaben.

Die Asyl-Flut führte zu einer doppelten Reaktion. Einmal zum freudigen Ausruf einer »Refugees-welcome«-Kultur durch Altparteien und

Medien. Eine Position, die vor allem in der Linken Unterstützung fand. Bodo Ramelow begrüßte die Ankommenden am Bahnsteig höchstpersönlich mit »Inschallah« und sprach vom »glücklichsten Tag meines Lebens«. Dem entgegen stand die traditionell rechte beziehungsweise konservative Position: Mit Öffnung der Grenze plane die Regierung einen »Bevölkerungsaustausch«.

Und Wagenknecht? – Saß zwischen den Stühlen. Sie bejahte das Asylrecht, wandte sich aber gegen offene Grenzen. Unregulierte Einwanderung führe zu Lohndumping, Konkurrenzdruck und Schwächung der Sozialsysteme. Schon 2013 hatte sie, als der damalige FDP-Wirtschaftsminister Philipp Rösler junge Südeuropäer zur Ausbildungseinwanderung nach Deutschland aufrief, protestiert. Solche Aussagen seien »eine Ohrfeige für hunderttausende junge Menschen, die in Deutschland leben und von denen viele nie eine Chance bekommen haben«, sagte sie der *Welt*. »Bevor wir die Talente aus anderen Ländern abwerben, müssen wir eine Ausbildungsoffensive in Deutschland starten und die verlorene Generation ausbilden.«

2015 wurde sie prinzipieller. »Worüber wir diskutieren, ist, ob eine Welt ohne Grenzen unter kapitalistischen Bedingungen wirklich eine linke Forderung sein kann.« Viele »von uns sind vermutlich der Meinung, dass es unverantwortlich ist, armen Ländern ihre qualifizierten Fachkräfte abzuwerben, weil das Armut und Elend vor Ort nur weiter vergrößert. Ja, wir streiten über die Frage, ob es für Arbeitsmigration Grenzen geben sollte, und wenn ja, wo sie liegen. Aber warum können wir das nicht sachlich tun, ohne Diffamierungen?« Die Gegenposition formulierte der Champagner-Linke Jakob Augstein, Ziehsohn des *Spiegel*-Gründers Rudolf Augstein: »Weil sich die Einwanderung nicht mit dem bisherigen Sozialstaat verträgt, entscheiden wir uns für die Einwanderung und für einen anderen Sozialstaat.« Augsteins »anderer« Sozialstaat meint: Weniger Sozialhilfe, damit es für mehr Empfänger reicht. Deutschland solle der US-Sozialpolitik nacheifern. Mit anderen Worten: Die Einwanderungsfrage zulasten der Armen lösen.

Bemerkenswert war, dass Wagenknecht, im radikalen Unterschied zu allen anderen Linken, sogar Pegida in Schutz nahm. Dort gebe es »eine Reihe von Leuten, die da hingehen, weil sie die herrschende Politik ablehnen, weil sie empört sind über prekäre Jobs und miese Renten. Sie haben das Gefühl, da ist endlich mal eine Protestbewegung«, mahnte sie bereits im Januar 2015 in der *Frankfurter Rundschau*. Das führte zu Zoff mit ihren Genossen. Im Frühjahr 2015 stand Wagenknecht vor dem innerparteilichen Aus. Sie werde »nicht für die Funktion einer Fraktionsvorsitzenden kandidieren«, gab sie damals bekannt – de facto war es eine Kapitulation. Wagenknecht werde »auch zukünftig eine wichtige Vordenkerrolle in der Partei spielen«, kommentierte die Partei-Co-Vorsitzende Katja Kipping den angekündigten Rückzug ihrer Rivalin herablassend. Doch am 13. Oktober wurde diese, gemeinsam mit Dietmar Bartsch, schließlich doch wieder zur Fraktionschefin gewählt – gegen den Widerstand des Parteipaten Gysi. Der Grund war schlichter Pragmatismus: »Sahra sichert uns Stimmen«, zitiert die *Taz* im Januar 2016 namentlich nicht genannte Realos. Zu diesem Zeitpunkt fegte schon der nächste Sturm über Wagenknecht hinweg.

Die Nacht der Nafris

In der Silvesternacht 2015/2016 kam es zu Asylantenkrawallen auf der Kölner Domplatte. Hunderte Frauen wurden drangsaliert, sexuell belästigt und ausgeraubt. Alle Täter besaßen Migrationshintergrund, darunter waren vor allem Nordafrikaner (Polizeisprech: »Nafris«), aber auch Syrer. Weitere Gewalttaten folgten. Wagenknecht reagierte am 11. Januar: »Völlig klar ist: Wer Gastrecht missbraucht, der hat Gastrecht verwirkt. (...) Da rede ich jetzt nicht davon, dass jemand mal schwarzfährt. Aber hier geht es um solche Ereignisse wie Köln und anderes.«

In den folgenden 48 Stunden fallen ihre Genossen über sie her, kein Führungsfunktionär springt ihr bei. Schon am nächsten Tag erklärt die Bundestagsfraktion per Beschluss, dass sie »alle Asylrechtsverschärfungen konsequent abgelehnt hat und weiterhin ablehnen wird«. Dasselbe hat zuvor auch der Parteivorstand kategorisch verkündet. »Abschiebungen, Asylrechtsverschärfungen und das Ausspielen von Geflüchteten gegen Deutsche – das ist mit uns nicht zu machen«, so der Parteivorsitzende Bernd Riexinger gegenüber der ARD.

»Ich weiß nicht, wann wir das letzte Mal so eine heftige inhaltliche Debatte hatten«, berichtete ein Teilnehmer der anschließenden Fraktionssitzung. Nur sechs der insgesamt 64 Parlamentarier sollen sich hinter Wagenknecht gestellt haben, darunter Diether Dehm, Ex-Parteichef Klaus Ernst und Michael Schlecht. Jan van Aken, außenpolitische Sprecher der Linken, verlangte auf Twitter ihren Rücktritt: »Wer Merkel von rechts kritisiert, kann nicht Vorsitzender einer Linksfraktion sein.« Die sächsische Landtagsabgeordnete Juliane Nagel tobte gegenüber dem *Tagesspiegel*: »Man hätte die Uhr danach stellen können. Und da war sie: die neue Attacke von Sahra Wagenknecht auf die Grenzöffnung durch Angela Merkel im Jahr 2015.« Gysi verlangte gar eine monolithische Einheit der Partei im Bereicherungstaumel. »Bei einer so zentralen Frage wie der Flüchtlingsfrage kann es keine zwei Meinungen in einer Partei geben«, sagte er dem *Bay-*

erischen Rundfunk. Dass sich die Linke mit ihrem Refugee-welcome-Blindflug auch in Widerspruch zur eigenen Wählerschaft begab, störte die Mandatsträger dabei keineswegs. »Wenn uns das zwei oder drei Prozent kostet, dann ist das eben so«, fabulierte der Berliner Linken-Vorsitzende Klaus Lederer. »AfD light«, ätzte die Parteivorsitzende Kipping gegen die Fraktionsvorsitzende.

Auch der szenenahe Teil dwer Lügenpresse schoss sich umgehend auf Wagenknecht ein. Den Tonfall gab unter anderem das Magazin *Potemkin* vor, in dem der ehemalige Parteifunktionär Juan Brakebusch Wagenknecht unter die »Volkstribunen des linksrechtsvölkischen Mobs« rechnete. Für die *Taz* war Wagenknecht nun »im Zweifel deutsch« – das meinte das Blatt negativ. Jakob Augsteins *Freitag* sah die Linke »rechts blinken«. Das Magazin *Vice* rückte sie in die Nähe von »Neonazi-Parteien«. »Wie rechts ist die Linke?«, fragte die *Huffingtonpost*. Ob Wagenknecht ein Beispiel dafür sei, »dass sich die politischen Extreme am Ende doch berühren«, wollte die *Frankfurter Allgemeine* wissen.

Zumindest mit Ehemann Oskar Lafontaine wusste Wagenknecht sich einig. Der hatte 2005 bereits nach seinem Übertritt zur PDS gewarnt, eine zu große Zahl an »Fremdarbeitern« steigere den Konkurrenzdruck – worauf die FAZ spekulierte, ob Lafontaine »Teile der potenziellen NPD-Wählerschaft an das neue Linksbündnis zu binden« versuche.

Welcher Hass Wagenknecht aus den eigenen Reihen entgegenschlug, sollte sich im Mai 2016 zeigen. Auf dem Parteitag in Magdeburg, während der Rede von Bernd Riexinger gegen die AfD, spazierten zwei Aktivisten der »Antifaschistischen Initiative Torten für Menschenfeinde« vor der ersten Sitzreihe an Wagenknecht vorbei – und warfen ihr en passant eine Schokotorte ins Gesicht. Diese Aktionsform erfreut sich bei Linksradikalen seit einiger Zeit steigender Beliebtheit. 2010 flog in Hannover eine Joghurttorte ins Antlitz von Grünen-Veteran Jürgen Trittin. Angeblich »wegen zu lascher Anti-AKW-Politik« (*Taz*). 2012 wurde Ex-Verteidigungsminister Karl Theodor zu Guttenberg in einer Berliner Bar »getortet«. Grund: Plagiatsvorwürfe bezüglich seiner Doktorarbeit. Oder Beatrix von Storch: Nachdem die AfD-Politikerin sich für die Schließung der Grenzen ausgesprochen hatte, drückten ihr zwei Männer im Februar 2016 eine Sahnetorte ins Gesicht.

Der zermatschte Kuchen im Antlitz – das ist totale Erniedrigung. Das beschmierte Gesicht wird zur Clownsmaske. Eine lächerliche Entstellung. Je eleganter und würdevoller das Opfer, umso größer die Fallhöhe. Dass es sich im Wagenknecht-Fall um eine Schokoladentorte handelte, unterstrich die Aussage der Täter: »braun«, das steht für Nazi. Die Erniedrigung brachte Wagenknecht unisono Solidarität ein. Selbst Erzfeindin Kipping sprach von einem Anschlag »auf uns alle«. Co-Fraktionschef Bartsch verurteilte den Anschlag als »asoziale Aktion« und begleitete die Attackierte aus dem Saal. Zuvor hielten Kipping und Bartsch einen Pullover vor Wagenknechts Gesicht, wollten Paparazzis dadurch am Voyeurismus hindern.

Ob der eine oder andere Teilnehmer heimliche Schadenfreude empfunden hat? Zumindest hat keiner sie gezeigt. Anders bei den Grünen.

Der sächsische Parteichef Jürgen Kasek befand, dass die Attentäter »ins Schwarze getroffen« hätten. Auch das trotzkistische Magazin *Klasse gegen Klasse* brach in Jubel aus (»endlich«), denn die Politikerin rühre »kräftig die Trommeln für Abschiebungen«. Mainstream-Medien kosteten die Sache ebenso aus. So postete die *Welt* ein Kurzvideo mit der Schlagzeile: »Hier bekommt Sahra Wagenknecht die Torte ins Gesicht«. Mittels Replay-Taste konnten Schadenfrohe den Moment endlos oft zelebrieren. Die Polizei ermittelte wegen versuchter Körperverletzung und Sachbeschädigung. Zum Prozess kam es jedoch nicht: Die Betroffene verzichtete auf eine Anzeige.

Proletarier und Patrioten

Wenn Wagenknecht durch die Attacke seelisch verletzt war, so zeigte sie das jedenfalls nicht. Ihr Kampfgeist war ungebrochen. Wenige Wochen später hatte sie wieder Gelegenheit zur »rechtsoffenen« Positionierung. In einem Referendum beschlossen die Briten im Juni 2016 den Austritt aus der EU. Das sorgte bei Politik und Mainstream-Medien für Panik. Nicht zuletzt, weil man eine Vorbildfunktion für weitere Länder fürchtete. Lediglich die AfD applaudierte: Großbritannien hole sich seine Souveränität zurück. Natürlich konnte EU-Kritikerin Wagenknecht die Fluchtwünsche der Inselbewohner ebenfalls nachvollziehen. Gegenüber der *Deutschen Welle* erklärte sie: »Na, ich denke, wir müssen uns schon fragen, warum in immer mehr Mitgliedsstaaten die Bevölkerung, vor allem die, denen es schlechter geht, Leute, die arbeitslos sind, die sich abgehängt fühlen, sich auch von diesem Europa abwenden. Und ich denke, wenn der Brexit jetzt als Weckruf verstanden wird, tatsächlich in der EU einen Neuanfang zu versuchen, mit einer viel stärker sozialen Ausrichtung, mit deutlich mehr Demokratie, dann könnte das tatsächlich auch eine Erneuerung der EU bringen, auch eine Erneuerung der Akzeptanz dieses Europas. Aber wenn das nicht stattfindet, wenn man stur auf weiter so setzt, wie es leider viele europäische Vertreter tun, und auch von der Bundesregierung ist ja bisher nichts wirklich Kreatives in dieser Frage zu hören gewesen, dann sehe ich tatsächlich schwarz.« Zwar beteuerte Wagenknecht, sie wolle mit ihrer Kritik dem Zerfall des Brüsseler Konstruktes entgegenwirken (»ich will nicht, dass die EU in Nationalismus zerfällt«), aber der Mainstream zog eigene Schlüsse. »Wenn es um Europa und Flüchtlinge geht, ist oft unklar, ob Sahra Wagenknecht links oder rechts ist« nörgelte die *Zeit*.

Der Brexit war vor allem durch das Abstimmungsverhalten der Arbeiterklasse durchgesetzt worden. Eine ähnliche Entwicklung zeigte sich 2016 auch in Deutschland. »Bei der Landtagswahl in Mecklenburg-Vorpommern haben die Linken 16.000 Stimmen an die Rechtspopulisten verloren, bei der Wahl in Berlin waren es 12.000. Nicht mehr die Linken sind die Protestpartei – sondern die AfD. Auch soziologisch zeigt sich, dass die Linken ihre Basis verlieren: Die AfD ist inzwischen die größte Arbeiterpartei, wie eine Erhebung von Infratest-Dimap in Mecklenburg-

Vorpommern ergab. Der Arbeiteranteil unter den AfD-Wählern war dort mit 33 Prozent so hoch wie bei keiner anderen Partei; bei den Arbeitslosen betrug er satte 29 Prozent«, bilanzierte die *Taz* Anfang Oktober 2016.

Im selben Monat kam es zu einer aufsehenerregenden Begegnung. Wagenknecht traf sich mit der damaligen AfD-Chefin Frauke Petry zum Streitgespräch für die *Frankfurter Allgemeine Sonntagszeitung* (FAS). Beide Frauen »sind oft näher beieinander als gedacht«, konnte die FAS erfreut titeln und stellte »viel Konsens« fest. Beim Punkt Asyl plädierte die linke Politikerin dafür, dass »entscheidend« sei, »Menschen in Not dort zu helfen, wo sich die meisten Notleidenden ohnehin befinden: in den Herkunftsländern und in den angrenzenden Regionen«. Petry euphorisch: »Damit haben Sie gerade AfD-Positionen referiert, Frau Wagenknecht.« Beim Thema EU grenzte sich Wagenknecht zwar vom »muffigen Nationalismus« ab, aber betonte gleichzeitig: »Die Rückverlagerung der Kompetenzen auf die Staaten ist eine Frage der Demokratie.« Diese Position »teilen wir«, sagte Petry zufrieden. »Demokratie und Transparenz funktionieren in kleinen Verbünden viel besser als in großen.«

Nur bei der Steuerpolitik zeigten sich klare Differenzen. Wagenknecht warb für einen Spitzensteuersatz von 53 Prozent, der auch auf Kapitalerträge gezahlt werden soll, Petry dagegen für »einen schlanken Staat« und »keine Steuererhöhungen«.

Die Wechselstimmung von Rot zu Blau in den unteren Klassen zeigte sich auch bei der Bundestagswahl im September 2017: Nur elf Prozent der Arbeitslosen machten ihr Kreuz bei der Linken – die AfD kam trotz praktisch nicht vorhandenen sozialen Profils in dieser Gruppe auf 22 Prozent. Sogar 19 Prozent der Arbeiter entschieden sich nach einer Analyse der Forschungsgruppe Wahlen für die patriotische Alternative. Insgesamt verabschiedeten sich 430.000 frühere Linke-Wähler zum rechten Mitbewerber. Die AfD kam auf 12,6 Prozent und zog erstmals in das Hohe Haus ein.

VI. Aufbruch und Scheitern

Aufstehen – und wieder hinsetzen

Im Bundestags-Wahlkampf 2017 hatten sich die Streithähne in der Linken zurückgehalten. Es war Lafontaine, der den fragilen Ausgleich nach dem Urnengang öffentlich aufkündigte. Dass der Schritt mit seiner Ehefrau abgestimmt war, liegt nahe. In einem Beitrag auf Facebook veröffentlichte der Saarländer eine Generalabrechnung mit der Parteiführung: »Wer bei Arbeitern und Arbeitslosen so wenig Unterstützung findet (und das war 2009 noch anders!), muss endlich darüber nachdenken, woran das liegt. Da hilft auch kein Verweis auf die urbanen Schichten.« Und weiter: »Man darf die Lasten der Zuwanderung über verschärfte Konkurrenz im Niedriglohnsektor, steigende Mieten in Stadtteilen mit preiswertem Wohnraum und zunehmende Schwierigkeiten in Schulen mit wachsendem Anteil von Schülern mit mangelnden Sprachkenntnissen nicht vor allem denen aufbürden, die ohnehin bereits die Verlierer der steigenden Ungleichheit bei Einkommen und Vermögen sind.«

Die Gegenseite nahm den Ball auf. Besonders Katja Kipping, eine der beiden Parteivorsitzenden – pikanterweise mit Unterstützung Lafontaines 2012 an die Spitze gekommen, der durch diesen Schachzug Dietmar Bartsch ausbremsen wollte – feuerte zurück. Nach heftigen Auseinandersetzungen auf einer Fraktionssitzung Mitte April 2018 machte sich der rheinland-pfälzische Abgeordnete Alexander Ulrich, ein Wagenknecht-Unterstützer, in einer Mail an seine Kollegen Luft. »In bin jetzt im 13. Jahr in der Fraktion. Zu keinem Zeitpunkt war die Stimmung so schlecht«, es herrsche »der pure Hass«, mahnte der 47-Jährige. Grund seien die ständigen Putschversuche von Seiten Kippings. Diese Zustände bestätigte der saarländische Abgeordnete Thomas Lutze gegenüber der *Taz*. Es sei mittlerweile üblich, dass »man sich mehr anbrüllt als zuhört«.

Zur Kraftprobe sollte es auf dem Leipziger Parteitag Anfang Juni 2018 kommen. Es ging allerdings nicht direkt um Wagenknecht, sondern die Neuwahl des Bundesvorstandes stand auf der Tagesordnung. Resultat: Das Kipping-Lager brachte alle seine Favoriten durch. Das war bereits im Vorfeld absehbar gewesen, und Wagenknecht hatte vorgesorgt und damit begonnen, sich eine eigene Machtbasis aufzubauen. Sie hatte mit dem sogenannten Team Sahra fast unbemerkt eine Kommunikationsplattform errichtet, die vollständig auf sie selbst zugeschnitten war. Mit ihrem wöchentlichen Newsletter erreichte sie über 100.000 Empfänger – also weit mehr als die 62.000 Mitglieder der Linken. Das Vorgehen erinnerte auffällig an die einst virtuelle Bewegung La République en Marche von Emmanuel Macron – auch wenn sich Wagenknecht und Lafontaine betont auf den französischen Linkspopulisten Jean-Luc Mélenchon bezogen.

Mit dieser Vernetzung ging sie nach dem Sommer in die Offensive und verkündete am 4. September 2018 in Berlin, begleitet von großem Medieninteresse, den offiziellen Start ihrer neuen Sammlungsbewegung »Aufstehen«. Mit dabei waren neben ihren Verbündeten aus der Linken auch die SPD-Politiker Marco Bülow (MdB) und Simone Lange (Oberbürgermeisterin von Flensburg) sowie das grüne Urgestein Antje Vollmer und der der frühere Staatssekretär von Joschka

Fischer, Ludger Volmer. Mit altsozialdemokratischen Forderungen nach mehr sozialer Gerechtigkeit sollte Druck auf die drei bestehenden Parteien des »linken Lagers« ausgeübt werden, um diese zur Entwicklung einer gemeinsamen Machtperspektive für eine umfassende soziale Reformpolitik zu drängen. Gleichzeitig wollte man mit Linkspopulismus dem Vormarsch der Rechtspopulisten das Wasser abgraben.

Der Gründungsaufruf enthielt typische Wagenknecht-Standpunkte jener Jahre, Kritik am globalistischen Wirtschaftsliberalismus, dem Sozialabbau und der EU: »Vor allem große Unternehmen und ihre Eigentümer sind die Gewinner von Globalisierung, Freihandel, Privatisierung und EU-Binnenmarkt. Für die Wohlhabenden hat sich das Versprechen Europa erfüllt. Wer hoch qualifiziert und mobil ist, kann die neuen Freiheiten nutzen. Im Gegensatz dazu hat knapp die Hälfte der Bevölkerung in Deutschland heute ein geringeres Realeinkommen als Ende der neunziger Jahre. Viele von ihnen sehen in Freizügigkeit und Zuwanderung vor allem eine verschärfte Konkurrenz um schlecht bezahlte Arbeitsplätze.

Auch für osteuropäische Beschäftigte in deutschen Schlachthöfen oder in der Pflege ist vor allem die Ausbeutung grenzenlos geworden. Und während Konzerne hohe Dividenden ausschütten, streiten die Ärmsten an den Tafeln um überlagerte Lebensmittel. Seit der Sozialstaat keine ausreichende Sicherheit mehr gibt, kämpfen viele für sich allein. Wer seinen Job verliert oder durch längere Krankheit ausfällt, ist schnell ganz unten. Hartz IV enteignet Lebensleistung, egal, wie lange jemand gearbeitet und in die Sozialkassen eingezahlt hat. Im öffentlichen Bereich wird gekürzt und privatisiert. Krankenhäuser, Pflegeeinrichtungen, Wasser, Bahnverkehr, Schwimmbäder ... – mit allem wird heute Profit gemacht.«

»Aufstehen«, das war vor allem als Antidot gegen die allgemein suggerierte »Alternativlosigkeit« intendiert. Mit diesem Stichwort hatte Bundeskanzlerin Merkel den Mythos gestiftet, ihre Regierung folge lediglich den Sachzwängen. Eine Irreführung, die von Propagandamedien gerne kolportiert wurde. Dagegen hieß es bei »Aufstehen«: »Es ist eine Lüge, wenn man uns erzählt, die aktuelle Politik sei im Zeitalter von Globalisierung und Digitalisierung alternativlos. Wachsende Ungleichheit ist keine Naturgewalt. Der globalisierte Finanzkapitalismus, der Konzerne und Vermögende aus der sozialen Verantwortung entlässt, ist nicht Ergebnis technologischer Entwicklungen, sondern politischer Entscheidungen.«

Unnötig zu erwähnen, dass Mainstream-Medien die Bewegung als getarntes Querfront-Projekt kritisierten. So schrieb der *Tagesspiegel*: »Die AfD beobachtet das Projekt [»Aufstehen«] mit Interesse – auch unter dem Blickwinkel, ob ihr bei einem Wahlantritt der Bewegung Stimmen verloren gehen. Der neurechte Vordenker Götz Kubitschek sieht AfD und Linke im Wettstreit. Er schreibt: "Die soziale Frage ist ein Kronjuwel der Linken, und es könnte ihr durch eine glaubwürdige und entschlossene AfD abgejagt werden." Deutlicher noch wird Jürgen Elsässer im rechten COMPACT-Magazin: Er erwähnt Wagenknecht und Lafontaine als Beispiele für "klügere Linken-Politiker". Unter Bezug auf eine Empfehlung des ultrarechten thüringischen AfD-Chefs Björn Höcke rät er, die beiden Linken müssten ihre Partei aufspalten und sich von “zutiefst destruktiven und volksfeindlichen Globalisierungslinken“ und “verrückten Multikulti-Typen“ trennen.«

Doch das tat der neuen Bewegung keinen Abbruch. Über 160.000 Interessierte trugen sich binnen Kürze in die Online-Unterstützungslisten ein. Trotzdem scheiterte der Ansatz sehr schnell. Was waren die Gründe? Inhaltlich entscheidend dafür war, dass bestimmte Themen aus Rücksicht auf Unterstützer aus der SPD und den Grünen ausgespart blieben. Der im linken Lager ansonsten grassierende Minderheitenfetischismus – Hyperindividualismus, Kult um sexuelle Randorientierungen oder Anbetung hereinströmender Ausländer – wurde im Aufruf gnädig verschont. Außerdem wurde die Asylpolitik komplett ausgeklammert. Wagenknecht nahm sich an diesem Punkt zurück, um die erhoffte Breite der Bewegung nicht zu gefährden.

Doch genau das sollte sich schnell rächen. Kalt erwischt wurde »Aufstehen« von der großen #unteilbar-Kampagne der Pro-Asyl- und Antifaszene, die eine Demonstration mit über 200.000 Teilnehmern am 13. Oktober in Berlin organisierte. Wagenknecht selbst machte aus ihrer Ablehnung dieser linksliberal-moralisch geprägten Wohlfühlveranstaltung keinen Hehl: »Wenn wir über "offene Grenzen für alle" reden, ist das eine Forderung, die die meisten Menschen als irreal und völlig weltfremd empfinden und damit ja auch recht haben.« Im Gegensatz zu ihr riefen viele Basisgruppen von »Aufstehen« zur Teilnahme auf. Als sie kurz darauf auch Kritik am UN-Migrationspakt äußerte, dem die Bundesregierung ohne Abstimmung im Parlament beitreten wollte, regte sich an der »Aufstehen«-Basis erneut deutlicher Unmut.

Als »Aufstehen« am 9. November 2018 zur ersten eigenen Veranstaltung vor dem Brandenburger Tor aufrief und dafür sogar die geballte »Aufstehen«-Prominenz aufgeboten wurde, geriet die Sache mit lediglich 600 Teilnehmern zum Debakel. Danach war für den Autor dieses Buches Schicht im Schacht: Ich hatte die Hoffnung auf eine Wagenknecht-Wende verloren und trat aus der Linken aus. Offensichtlich, so mein Eindruck, nahm diese Frau den Mund zu voll und war organisatorisch unfähig.

Doch aus dem Ausland kam scheinbar frischer Wind für einen Neuaufschwung von »Aufstehen«. Im November 2018 traten in Frankreich die Gelbwesten auf den Plan: Ebenfalls eine Bürgerbewegung, die zunächst gegen die höhere Diesel-Besteuerung protestierte. Präsident Macron hatte diese eingeführt, um Frankreichs Energiewende zu finanzieren. Jeden Samstag zogen die Gilets jaunes durch die Straßen mehrerer Städte, darunter natürlich auch Paris. Mit gelben Warnwesten uniformiert, versuchten sie ihren Forderungen durch Krawall Nachdruck zu verleihen: Autos brannten, Barrikaden wurden errichtet Die Polizei setzte Gummigeschosse ein. Es gab Schwerverletzte und zwei Tote. Bald weiteten sich die Forderungen aus, umfassten auch die Anhebung von Mindestlohn und Renten sowie ein Mehr an Basisdemokratie. Dass die Bewegung sich politisch von niemandem abgrenzte, Linke, Rechte und Anarchisten gleichermaßen akzeptierte, wurde vom deutschen Mainstream skandalisiert: Die Gilets jaunes seien rechts unterwandert. Eine Propaganda-Lüge, die bald auch ihren deutschen Ableger, die Gelbwesten, traf. Wagenknecht hingegen ließ sich von dem Querfront-Vorwurf nicht schrecken: Im Dezember 2018, kurz vor Weihnachten, posierte sie mit gelber Weste vor dem Bundestag, forderte Proteste im französischen Stil auch für Deutschland. Daraus entstand ein Twitter-Video mit folgenden Kommentar: »Leider gibt es viele Menschen, die an #Weihnachten einsam und erschöpft sind. Lasst uns auch 2019 Druck machen gegen die Politik der Reichen. Lasst uns soziale Proteste auf die Straße und vor das Kanzleramt bringen. Lasst uns #Aufstehen wie die #Gelbwesten in Frankreich!«

Tatsächlich rief »Aufstehen« im Februar 2019 die Aktion Bunte Westen ins Leben. Gefordert wurden bessere Arbeitsbedingungen, Bildung und Pflege. Das Motto lautete: »Wir sind viele. Wir sind vielfältig. Wir haben die Schnauze voll!« Doch auch dies geriet zur Pleite: Nach offiziellen Schätzungen folgten in 14 Städten insgesamt nur 2.000 Menschen dem Aufruf. Ein ernüchterndes Resultat.

Ausgebrannt

Wenige Wochen später, Mitte März 2019, kam die Schocknachricht: Die Gründerin verließ die Bewegung, gut ein halbes Jahr nach der ersten Pressekonferenz. Damit hatte »Aufstehen« sein Zugpferd verloren, versank schnell in der Bedeutungslosigkeit. Nach längerem Schweigen gab Wagenknecht der *Super Illu* ein Interview anlässlich ihres 50. Geburtstages. Darin erklärte sie: Der Grund für den Rückzug sowie ihr gleichzeitiger Rücktritt als Fraktionsvorsitzende sei einem Burnout geschuldet: »Ich war leer, erschöpft, ausgebrannt – und dann zwei Monate krankgeschrieben. Der Arzt hat unmissverständlich zu mir gesagt: "Sie können so nicht weitermachen!" Ich spreche so offen darüber, weil es viele Betroffene gibt. In vielen Unternehmen herrscht heute ein unmenschlicher Leistungsdruck, weil nur noch die Rendite zählt. Wer da nicht mehr mithalten kann oder gar länger ausfällt, riskiert seinen Job. Mit solchen Zuständen sollten wir uns nicht abfinden.«

Doch ihre eigenen Fehler thematisierte sie nicht. Das taten andere. Elf halbwegs prominente Mitglieder der Sammlungsbewegung – darunter Bülow, Vollmer, Volmer und der Schriftsteller Ingo Schulze – beschwerten sich, man habe von Wagenknechts Rückzug »aus den Medien« erfahren. So sehr man verstehe, wie hart die Machtkämpfe in der Linkspartei für Wagenknecht seien: «Diesen Umgang mit der Bewegung, die sie selbst gegründet und auf die sie vertraut hat, halten wir für politisch nicht verantwortlich.« Außerdem kritisierten sie die Geburtsfehler von »Aufstehen«: Wer viele unterschiedliche Kräfte sammeln wolle, »muss aber auch sammeln können«. Die Ursachen dafür lägen »vor allem im Versagen der Führung der Sammlungsbewegung. Die Gründer und Initiatoren – wir inbegriffen – zeigten sich sträflich unvorbereitet auf die organisatorischen, politischen, finanziellen und personalpolitischen Probleme, die eine so sprunghaft anwachsende Bewegung gerade am Anfang zu bewältigen hat«. Ein Insider beklagte vor allem die Naivität, mit der die »Aufstehen«-Führung die Betreuung der Webseite – mit den gesammelten Unterstützeradressen – und das Spendenkonto einem Dienstleister überlassen hatte, »der sein eigenes Spiel spielte«.

Demgegenüber blieb Wagenknechts Auswertung des Debakels völlig unbefriedigend: »Ich fand es bedauerlich, wie ablehnend sich die Parteiführungen von SPD und Linken verhalten haben. Dadurch hat man sich um die Chance gebracht, von diesem Schwung zu profitieren, was beiden Parteien gutgetan hätte. Zugleich hat man damit natürlich auch "Aufstehen" ausgebremst. Aber die Bewegung macht weiter.« Erstaunlich nur, dass die Sozialistin zu diesem Zeitpunkt noch die Öffnung der Altparteien erhoffte... Und natürlich machte die Bewegung nicht weiter. Nur einige disparate Ortsgruppen hielten die Fahne hoch.

Wagenknecht erholte sich nur schwer von diesen Tiefschlägen. Ein Vertrauter: »Bis in den Sommer hinein quälte sie sich, lag oft im Bett. Oskar war ihre Stütze und ihr Trost. Tatsächlich überlegte sie ernsthaft, sich aus dem politischen Kampf völlig zurückzuziehen und nur noch Bücher zu schreiben. Ihr Mann war es, der ihr wieder Kraft gab. Schließlich hatte er auch so einiges überstanden, ein mörderisches Attentat und eine Krebserkrankung, von den politischen Niederlagen ganz abgesehen, und war doch immer wieder zurückgekommen.«

Nach dem Scheitern von »Aufstehen« tauchten übrigens die ersten Umfragen auf, in denen Sympathien für eine potenzielle Wagenknecht-Partei ermittelt wurden: bis zu 30 Prozent wurden aufgerufen. Erinnert wurde auch an das Jahr 2010, als Emnid nach den Chancen einer – hypothetischen – Partei des sozialdemokratischen Enfant terrible Thilo Sarrazin fragte, der gerade seinen Bestseller *Deutschland schafft sich ab* veröffentlicht hatte. Während sich unter allen Deutschen etwa 18 Prozent vorstellen konnten, ihr Kreuz bei einer solchen neuen Kraft zu machen, waren es bei den Linken 29 Prozent – und damit mehr als bei den Wählern aller anderen Parteien. Doch aus solchen Erhebungen war weder 2010 noch 2019 etwas gefolgt – die Zeit war noch nicht reif.

Im Krebsgang durch den Lockdown

Während sich Wagenknecht Zug um Zug erholte, wurde die ganze Welt von einem neuerlichen diktatorischen Angriff geschüttelt – Bestsellerautor Gerhard Wisnewski sprach von einem »globalen 1933«. Was war geschehen? Politiker auf allen Kontinenten hatten im Februar/März 2020 einen grippeähnlichen Laborvirus aus der Stadt Wuhan (China) zur zweiten Pest erklärt. Fast alle Regierungen riefen den Ausnahmezustand aus. Menschenrechte, bis dahin als unverhandelbar behauptet, wurden außer Kraft gesetzt. Man sperrte ganze Bevölkerungen in den Lockdown, löschte das öffentliche Leben aus. Wer Gäste oder Freunde empfing, wurde rasch denunziert. Kinder mussten während des Schulbesuchs unsinnige Atemmasken tragen und sich giftigen Tests unterziehen. Mancher »Experte« identifizierte die Kleinen als Übertragungsgefahr, verglich sie mit »Ratten«. Politiker samt Propagandamedien setzten alles daran, Panik auszulösen. Hochkarätige Wissenschaftler wie Professor Dr. Sucharit Bhakdi oder der ehemalige EU-Seuchenbeauftragte Dr. Wolfgang Wodarg erfuhren für ihren Widerspruch gesellschaftliche Ächtung: Man löschte ihre Videos auf Plattformen wie Youtube, selbsternannte »Faktenchecker« verlachten ihre Einwände, Laien-Blogger sprachen ihnen die Kompetenz ab und zwangsfinanzierte Rundfunksender verweigerten ihnen eine Plattform.

Im Winter 2021/22 drohte Ungeimpften der (fast) vollständige Entzug gesellschaftlicher Teilhabe. Im November 2021 geiferte Ex-Gesundheitsminister Jens Spahn (CDU): »Wenn du irgendwie mehr tun willst als dein Rathaus oder deinen Supermarkt besuchen, dann musst du geimpft sein.« Die nächste Stufe, die Androhung einer Zwangsimpfung, ließ nicht lange auf sich warten. Star-Intellektuelle versagten jämmerlich, blamierten sich mit Unterwerfungsgesten (Peter Sloterdijk) oder Ermächtigungs-Prosa à la Carl Schmitt (Jürgen Habermas, Slavoj Zizek). Rühmliche Ausnahmen: der Italiener Giorgio Agamben und – Sahra Wagenknecht. Bereits im Mai 2020 gestand sie gegenüber dem *Redaktionsnetz-*

werk Deutschland, sie könne die Zweifel der Bürger an den Maßnahmen teilweise nachvollziehen: »Das größte Problem ist, dass der Staat zu stark unter dem Einfluss bestimmter wirtschaftlicher Interessengruppen steht«. Das aber sei »mit Demokratie und gemeinwohlorientierter Entscheidungsfindung nicht vereinbar«. Unbefangen sprach sie aus, was der Mainstream als Blasphemie verfolgte: »Wir brauchen zum Beispiel mehr unabhängige öffentliche Forschung. Dass viele Menschen Wissenschaftlern nicht mehr trauen, hängt ja auch damit zusammen, dass die Forschung zunehmend von Geldern der Industrie finanziert wird. Angebliche Experten entpuppen sich dann schnell als Lobbyisten.« Privat benahm sich Wagenknecht keineswegs risikofreudig: »Ich gehöre eher zu den Ängstlicheren, auch, weil mein Mann altersbedingt zur Risikogruppe gehört. Ich versuche, vorsichtig zu sein, ohne mich verrückt zu machen.«

Was die Bürgerproteste betraf, widersprach Wagenknecht der Nazifizierung durch Mainstream-Medien: Die Teilnehmer seien »ja sehr unterschiedlich«: »Da muss man differenzieren und darf nicht pauschal alle Demonstranten in die Nazi-Ecke stellen oder als Verschwörungstheoretiker beschimpfen.« Allerdings ließ sie sich bei keiner der Demonstrationen blicken.

Im Januar 2022 erkrankte Sahra Wagenknecht an Corona, konnte an der ersten Bundestagsdebatte zum Impfzwang nicht teilnehmen. Stattdessen schrieb sie einen Gastbeitrag für den *Focus*: »Kann man auf Basis der Datenlage eine allgemeine Impfpflicht begründen? Das Argument des Gemeinschaftsschutzes oder auch der Herdenimmunität, das bei der Impfpflicht gegen Pocken und Masern ein wichtiges Argument für verpflichtende Impfungen war bzw. ist, entfällt. Wer sich impft, schützt sich vor schwerer Erkrankung, aber er kann das Virus trotzdem an andere weitergeben. Bleibt als einziges Argument der indirekte Schutz anderer, wenn nämlich nur eine Impfpflicht verhindern könnte, dass erkrankte Ungeimpfte die Intensivstationen überlasten und dadurch die Versorgung anderer Patienten gefährdet wird. Aber ist das der Fall? Auf dem Gipfel der vierten Welle im Herbst/Winter 2021 waren rund 4.800 Corona-Patienten auf den Intensivstationen. Davon waren, wenn die RKI-Zahlen stimmen, knapp 3.000 ungeimpft. Wenn in einem Land mit 80 Millionen Einwohnern 3.000 Intensivpatienten das Gesundheitssystem an den Rand des Zusammenbruchs bringen, spricht das nicht für eine Impfpflicht, sondern dafür, endlich mehr Ressourcen in die personelle Ausstattung der Krankenhäuser, in gute Arbeitsbedingungen und ordentliche Löhne für Pflegekräfte zu investieren.«

Natürlich sorgten Wagenknechts Vorstöße weder in Politik noch in Mainstream-Medien für irgendeine Debatte. Deren Abwehrstrategie beschränkte sich – wieder mal – auf Parallelisierung ihrer Kritik mit den Einwänden der rechten Opposition. Schützenhilfe bot ihr Ehemann Oskar Lafontaine. Auf seiner Website fragte er: »Wer sind die Covidioten?« Antwort: »Sogenannte Experten« wie Karl Lauterbach. Die spazierten »Arm in Arm mit der Pharmaindustrie«. Als besonders verantwortungslos bezeichnete er die Covid-Impfung von Kindern.

Solches Ankämpfen gegen Machthaber und Propaganda-Presse, das Ertragen von Non-stop-

Denunziation und absichtlicher Fehldeutung – all das steigerte Wagenknechts Beliebtheit bei der schweigenden Mehrheit. Im Oktober 2022 entdeckte der Meerestier-Experte Christian Lukhaup in Indonesien eine neue Krebsart und gab ihr den Namen Cherax wagenknechtae. Die Politikerin, übrigens Sternzeichen Krebs, habe ihn »inspiriert, entschlossen für eine bessere und fairere Zukunft zu kämpfen«, begründete Lukhaup seine Hommage. Dies sei »die beste Weise, ihr dafür zu danken.«

VII. Der Weg zur eigenen Partei

Attacke auf die Selbstgerechten

Die Bundestagswahl im September 2021 geriet für die Linke zum Debakel. Sie erreichte nur 4,9 Prozent und verdankte es ausschließlich ihren drei Direktmandaten, dass sie überhaupt noch in Fraktionsstärke ins Hohe Haus einziehen konnte. Auch Wagenknecht konnte daran nichts ändern: Als Spitzenkandidatin in Nordrhein-Westfalen holte sie mit 3,7 Prozent nur halb so viel wie vier Jahre zuvor.

Der Grund war aber nicht bei ihr zu suchen. Vielmehr hatte sich die Partei in der Corona-Krise blamiert und war, entgegen ihrer Mahnungen, im Diktatur-Gleichschritt mitmarschiert. Damit entfremdete sie sich einem Teil der eigenen Basis: Umfragen hatten gezeigt, dass die relative Mehrheit der Querdenken-Anhänger 2017 noch Dunkelrot und Grün gewählt hatten. Diese wanderten zum kleineren Teil zur AfD ab, die jedoch mit 10,3 Prozent auch schwächer abschnitt als 2017; zum größeren Teil dürften sie zu Hause geblieben sein.

Außerdem hatte sich die Linke im Wahlkampf zerstritten präsentiert. Mehrere Vorstandsmitglieder aus anderen Bundesländern forderten Wagenknecht auf, als Spitzenkandidatin in NRW zurückzutreten. Anlass war ihr Buch *Die Selbstgerechten: Mein Gegenprogramm–für Gemeinsinn und Zusammenhalt*, das im April 2021 erschienen war. Darin hatte sie kräftig gegen die Woken ausgeteilt. »Heute ist auch die Linkspartei überwiegend eine Akademikerpartei und wird von ähnlichen Bevölkerungsgruppen gewählt wie SPD und Grüne.« Ihre Partei, so kritisierte sie, buhle um die Gunst der »Lifestyle-Linken«, meist Abkömmlinge »gut situierter Helikoptereltern«, die »das Augenmerk auf immer kleinere und immer skurrilere Minderheiten« richten und »ihre Identität jeweils in irgendeiner Marotte finden«.

Von der Rechten wurde das Buch begrüßt, da es alle Brandmauern – dieser Begriff wurde allerdings erst 2023 populär – niederwalzt. Kostproben: »Was ist heute noch Links? Was Rechts? Viele Menschen wissen es nicht mehr. Sie halten die alten Kategorien für überholt. Nur in einem sind sie sich sicher: Das, was sie an öffentlichen

Äußerungen unter dem Label Links vernehmen, ist ihnen oft unsympathisch. Und dem Milieu, das sie damit verbinden, misstrauen sie zutiefst.« – »Wer (...) an dem Erklärungsansatz festhalten will, dass es eben die unverbesserlichen Menschenfeinde sind, die Rechts wählen, sollte eine überzeugende Begründung nachliefern, warum solche "Menschenfeinde" bevorzugt unter Arbeitern und Geringverdienern sowie unter Leuten, die Egoismus und Profitstreben kritisieren, zu finden sind. Weit plausibler erscheint da doch die Erklärung, dass die Verlierer der Politik der letzten Jahrzehnte es irgendwann leid waren, immer wieder Politikern ihre Stimme zu geben, die ihre sozialen Interessen ignorieren und ihre gemeinschaftsorientierten Werte und ihre Lebensart als rückschrittlich und provinziell verachten.« – »Sich als Anwälte des Volkes gegen die korrupten Eliten zu inszenieren, (...) ist fester Bestandteil der rechten Erzählung. Aber diese Erzählung funktioniert nur, weil sie einen wahren Kern hat. Die westlichen Demokratien funktionieren nicht mehr.« – »In Wahrheit ist es also ein billiger Taschenspielertrick, mit der Linksliberalismus seinen "rechten Zeitgeist" hervorzaubert, gegen den er dann seine Kulturkämpfe führt. Er misst Rechts einfach nicht mehr an den Merkmalen, die rechtes Denken traditionell definiert haben: Abwertung von Menschen anderer Hautfarbe, Hass auf Minderheiten, Ablehnung der Demokratie, nationale Überlegenheitsgefühle oder die Unterstützung von Sozialdarwinismus und großer Ungleichheit. Stattdessen erklärt er Positionen, die große Teile der Bevölkerung, vor allem Nicht-Akademiker, vertreten und die früher auch in sozialdemokratischen Parteien selbstverständlich waren, für rechte Positionen. Und – simsalabim – da ist er, der rechte Zeitgeist, die große Gefahr für unsere Demokratie, gegen die jetzt alle Demokraten zusammenstehen müssten.«

Rums! Das hatte gesessen! Die getroffenen Hunde bellten laut. Das Buch sei »die reinste Abrechnung mit dem Programm der Partei Die Linke und mit der gesellschaftlichen Linken«, monierte nach dem Erscheinen nicht nur der schwäbische Funktionär Luigi Pantisano. Allein an dieser Personalie lässt sich die Berechtigung von Wagenknechts Polemik aufzeigen. Der Kommunalpolitiker aus Baden-Württemberg steht fast prototypisch für den Wandel seiner Partei. Mit der Unterstützung von Grünen sowie NGOs wie Fridays for Future, Seebrücke und Black Lives Matter scheiterte der Sohn italienischer Migranten 2020 bei der Oberbürgermeisterwahl in Konstanz. Er hatte versprochen, dort »eine lebenswerte Stadt für alle Menschen zu gestalten, ganz unabhängig von Herkunft, Geschlecht, Geldbeutel und sexueller Identität«. Seinen Lebensunterhalt verdient Pantisano seither als wissenschaftlicher Mitarbeiter im Stuttgarter Wahlkreisbüro des einstigen Linken-Vorsitzenden Bernd Riexinger – also praktisch als akademisierter Funktionär. In einem Interview mit der grünen-nahen *Taz* sprach er im April von der »sogenannten Arbeiterklasse«. Wagenknecht, so sein Verdikt, »beleidigt viele Menschen und Bewegungen, die sich für eine andere Klimapolitik und gegen Rassismus einsetzen«.

Wagenknecht führt in ihrer Streitschrift aus, dass Gendersterne, Minderheitenkult und die penible Suche nach immer neuen Diskriminierungen vor allem eines sind: der Herrschaftsjargon einer neuen Bourgeoisie. Die Agonie der

Industriegesellschaften des Westens, die Durchsetzung der Globalisierung und die Verwerfungen des Neoliberalismus gebaren die Machtübernahme eines linksliberalen akademischen Adels in öffentlichem Dienst, NGOs und der sogenannten Wissensökonomie. Dessen Symbole sind Elektro-SUVs und bilinguale Kindergärten, die aggressiven Forderungen ihrer Sittenwächter Befehle zur Unterwerfung. Dabei gefalle sich die neue herrschende Klasse in der »Attitüde des wohlwollenden Missionars, der die Ungläubigen nicht nur retten, sondern vor allem auch bekehren will«. Fixiert auf diese urbanen akademischen Schichten mutierten die einstigen Parteien der kleinen Leute zu Polit-Prätorianern jener neuen kosmopolitischen Eliten. Im Schmeicheln um deren Gunst setzten sich jedoch die Grünen durch, die ihre Interessen ohne folkloristische Rücksichtnahme auf die proletarische Vergangenheit vertreten. SPD und Linke mit ihrem matt gewordenen plebejischen Lack bleiben so nur die Krumen am Tisch von Baerbock & Co.

Die Analyse des linken Enfant terribles war nicht neu. Sie erinnert an den Widerspruch zwischen Anywheres – gut situierte akademische Weltbürger – und Somewheres – heimatverwurzelte kleine Leute – , den der britische Journalist und Ex-Linke David Goodhart bereits 2017 beschrieb. »Wir Anywheres sind meist Akademiker und wohlhabend. Wir sind weniger als 25 Prozent der Bevölkerung, während die Somewheres fast die Hälfte ausmachen. Doch wir dominieren die Politik und die Gesellschaft unabhängig von der Partei, die an der Macht ist.« Sie erinnert auch an einen Essay Alexander Gaulands vom Herbst 2018. Darin sah der AfD-Fraktionsvorsitzende eine »urbane Elite«, die »zum Jobwechsel von Berlin nach London oder Singapur« ziehe und daher nur wenig Bindung »an ihr jeweiliges Heimatland« habe. Wagenknecht formuliert es ähnlich, wenngleich für die Marxistin die Wurzellosigkeit der urbanen Eliten vor allem ihrer Stellung im Produktionsprozess entspricht: »Es ist die Welt der Projektteams, der zeitlich begrenzten Kooperationen und vielfach auch der wechselnden Arbeitsorte. Sesshaftigkeit und Heimatverbundenheit sind hier nicht gefragt.«

Kein Krieg gegen Russland

Am 24. Februar 2022 marschierten russische Soldaten in die Ukraine ein. Die Ampelregierung verkündete eine »Zeitenwende« (Olaf Scholz) und ein 100-Milliarden-Aufrüstungsprogramm, entsandte Truppen an die Grenze zu Russland und verstärkte Zug um Zug Quantität und Qualität der an Kiew gelieferten Waffen. Neben Sanktionen gegen Moskau beschloss man auch, dessen Gaslieferungen zu boykottieren. Stattdessen importierte man teures (und höchst unökologisches) Fracking-Gas aus den USA. Damit riskierte die Ampel eine landesweite Unterversorgung, zumal zeitgleich der Ausstieg aus der zuverlässigen Versorgung mit Kohle- und Atomkraftwerken vorangetrieben wurde. Die Energiepreise, besonders die Gaspreise, explodierten.

Wagenknecht verurteilte zwar den russischen Einmarsch, wollte aber die diplomatischen und wirtschaftlichen Beziehungen nicht abbrechen. Als besonders gefährlich erkannte sie die Waffenlieferungen: Mit ihnen werde Deutschland Kriegspartei. Im *Zeit*-Interview warnte sie: »Ich finde die aktuelle Diskussion über mehr militärisches Engagement Deutschlands gespenstisch. Wir haben doch gesehen, dass die Militäreinsätze, an denen wir uns beteiligt haben, etwa in Afghanistan, den Menschen nichts gebracht haben. Im Gegenteil: Tausende zivile Tote waren das Ergebnis. Wer Menschen humanitär helfen will, der braucht keine Bomben. Deutsche Soldaten haben im Ausland nichts zu suchen.« Als Marx-Leserin weiß Wagenknecht, dass Kriege man niemals aus humanitären, sondern aus ökonomischer Motivation führt. »Es geht um Rohstoffe und geostrategische Positionen.«

Vor allem brandmarkte sie die Grünen: Die einstige Friedenspartei hatte Bellizismus und Russenhass für sich entdeckt. In der Neuauflage der *Selbstgerechten* im Sommer 2022 schrieb sie ein ergänzendes Vorwort: »Wenn es irgendwo eine Art Zeitenwende gab, dann hat sie in der öffentlichen Debatte in Deutschland stattgefunden. Einstige Wehrdienstverweigerer kennen plötzlich die exakten Namen aller in Deutschland produzierten Panzertypen, und ihre Wortwahl vermittelt den Eindruck, sie würden am liebsten gleich selbst im Leopard mit geladenem Rohr gen Russland rollen. Sogar ihre wohlbehüteten Kinder rufen nicht mehr nur nach Fleischverboten, E-Autos und offenen Grenzen, sondern auch nach der Verschickung von schwerem militärischem Gerät, obwohl dessen Einsatz im Ukraine-Krieg kaum CO_2-neutral zu gestalten ist. Die deutsche Bevölkerung wiederum wird aufgefordert, gefälligst auch mal Opfer zu bringen. Wer schon nicht für die Freiheit kämpft, soll wenigstens für sie frieren.«

Die Verzahnung von Kriegsgefahr und der Verarmungspolitik aufgrund steigender Energiepreise war ein ideales Feld für die geschulte Ökonomin. Ein riesiges Echo fand ihre Brandrede im Bundestag von Anfang September 2022: »Das größte Problem ist Ihre grandiose Idee, einen beispiellosen Wirtschaftskrieg gegen unseren wichtigsten Energielieferanten vom Zaun zu brechen«, schleuderte sie in Richtung Regierungsbank – unter dem heftigen Applaus der AfD-Fraktion. Wenn Deutschland ein Industrieland bleiben wolle, dann brauche es russische Rohstoffe und auf absehbare Zeit auch noch russische Energie. »Und deshalb Schluss mit den fatalen Wirtschaftssanktionen!«, appellierte sie. »Verhandeln wir in Russland mit Russland über eine Wiederaufnahme der Gaslieferungen!« Gut zwei Wochen später wurden die Nord-Stream-Röhren in die Luft gesprengt. Wagenknecht formulierte mehrere Anfragen an die Bundesregierung und begehrte Auskunft über deren Vor- und Mitwissen – alle blieben unbeantwortet mit Verweis auf übergeordnete Staatsinteressen. »Die zunehmende Weltkriegsgefahr und nicht zuletzt den Terrorakt gegen die Gasröhren führte sie auf die USA zurück. Schon den Sommer über hatte es in ihrem engeren Kreis Diskussionen um die Bildung einer eigenen Partei gegeben, ab Oktober intensivierten sie sich«, so ein Vertrauter. »Ausschlaggebend war die schändliche Rolle der Mehrheit der Linkspartei, die die Sanktionen nicht prinzipiell ablehnte und durch prominente Persönlichkeiten wie Ramelow sogar Waffenlieferungen befürwortete. Sahra sah die Gefahr, dass vor diesem Hintergrund die ganze Empörung über die Kriegspolitik nur der AfD zugute käme, die sich viel eindeutiger positioniert hatte.« Im Juni 2023 sollte sie öffentlich sagen: »Bei der Friedensfrage ist die AfD die Einzige, die da im Bundestag Welle macht.«

Absage an die Querfront

Zu Jahresanfang 2023 spitzte sich die Kriegslage zu. Eine wichtige rote Linie wurde überschritten: Entgegen früherer Zusagen von Scholz beschloss die Ampel unter Druck der Grünen die Lieferung von Kampfpanzern an die Ukraine. In der *Welt am Sonntag* warnte Wagenknecht: »Mit dem Beschluss zur Lieferung von Marder-Panzern trägt die Ampel im gefährlichsten Konflikt seit dem Zweiten Weltkrieg weiter zur Eskalation bei. Damit handelt die Regierung gegen den Willen der Mehrheit der Bevölkerung, da laut Umfragen zwei Drittel keine Ausweitung der Waffenlieferungen an die Ukraine unterstützen.«

Jetzt war für sie der Zeitpunkt gekommen, ihr seit zwei Jahren geknüpftes Netzwerk zu aktivieren und ohne Unterstützung ihrer Partei eine große Offensive zu starten. Freund und Feind waren überrascht, als sie ausgerechnet zusammen mit der Frauenrechtlerin Alice Schwarzer für den 25. Februar zu einer großen Demonstration nach Berlin aufrief. Im Aufruf (»Manifest für den Frieden«) hieß es unter anderem: »Noch versichert der deutsche Kanzler, er wolle weder Kampfjets noch "Bodentruppen" senden. Doch wie viele "rote Linien" wurden in den letzten Monaten schon überschritten? (...) Wir Bürgerinnen und Bürger Deutschlands können nicht direkt auf Amerika und Russland oder auf unsere europäischen Nachbarn einwirken. Doch wir können und müssen unsere Regierung und den Kanzler in die Pflicht nehmen und ihn an seinen Schwur erinnern: "Schaden vom deutschen Volk wenden".«

Doch zwei Passagen im »Manifest für den Frieden« sorgten für Verwunderung. Zum einen wurde kein Stopp der Sanktionen verlangt – sehr seltsam, da Wagenknecht doch im Bundestag die Folgen dieses »Wirtschaftskrieges« ganz offen angesprochen hatte. Zum anderen wurde lediglich verlangt, »die Eskalation der Waffenlieferungen zu stoppen« – nicht aber die Waffenlieferungen überhaupt. Waren das Willkommensgeschenke an die Unterzeichner aus dem links-bürgerlichen Milieu? »Sie glaubte tatsächlich, bei diesem Aufruftext Konzessionen machen zu können, da ja letztlich ihre Rede die Kundgebung prägen würde – und sie würde an diesen Punkten klare Kante zeigen«, versicherte einer ihrer Unterstützer.

Für das »Manifest für den Frieden« hatten Wagenknecht und Schwarzer 69 Erstunterzeichner ausgewählt, in der Regel aus dem rot-rot-grünen Spektrum. Linkspolitiker waren nicht dabei – damit sollte unterstrichen werden, dass es nicht um die Sammlung der letzten Sozialisten, sondern um ein bürgerliches Bündnis ging. Während mit Professor Hajo Funke sogar eine Galionsfigur der Antifa dabei war, suchte man Konservative oder Querdenker vergeblich, die AfD war ohnedies tabu.

Doch schnell begann an diesem Punkt ein Tauziehen, als AfD-Co-Chef Tino Chrupalla am Folgetag die bereits veröffentlichte Petition ebenfalls unterzeichnete – mit Zehntausenden anderen. Wagenknecht ließ sich umgehend vom *Spiegel* eine Distanzierung entlocken. Ein Sturm der Entrüstung in der Rechten war die Folge – sie hatten sich so sehr an Wagenknechts Attacken auf die »Selbstgerechten« berauscht, dass sie mit einer Einladung gerechnet hatten. Doch auch viele andere, die auf ein Signal der Öffnung gehofft hatten, machten ihrer Enttäuschung in den sozialen Netzwerken Luft. Kurzerhand korrigierte Lafontaine ein paar Tage später die Aussage seiner Frau – wobei offen bleibt, ob er dabei in Absprache mit ihr handelte. Im Internet lud er alle ein (»es gibt keine Gesinnungsprüfung«) und bekräftigte auf Nachfrage sogar, dass damit auch AfD-Politiker gemeint seien. Wagenknecht teilte den Beitrag, nun waren die Rechten wieder zufrieden. Doch der Streit im Organisationskomitee schwelte wohl hinter den Kulissen weiter. Besonders nervös machte einige Leute, dass COMPACT-Chefredakteur Jürgen Elsässer aufgerufen hatte, zu der Kundgebung auch Deutschlandfahnen mitzubringen. Bereits im Dezember hatte sein Magazin Wagenknecht als »Die beste Kanzlerin. Eine

Kandidatin für Links und Rechts« aufs Titelbild gehievt. Jedenfalls verkündete Wagenknecht zwei Tage vor dem Großereignis, dass Nationalfarben nicht erlaubt seien, ebenso wenig »rechtsextreme Flaggen, Embleme und Symbole«.

Schließlich kamen am 25. Februar nach Veranstalterangaben 50.000 Teilnehmer vors Brandenburger Tor – realistisch gerechnet dürften es wohl die Hälfte gewesen sein. Die Abgrenzung nach Rechts wurde durchgesetzt – AfD-Symbole blieben verboten, auch Russlandfahnen wurden entfernt –, aber es gab Lücken. Der Veranstaltungsanmelder, ein parteiloser Unternehmer aus Brandenburg, erlaubte gegenüber der Polizei den Auftritt eines COMPACT-Teams mit Ami-go-home-Transparent (aber ohne rechtsradikale Symbolik), während das Ordnerteam Jürgen Elsässer und seiner Mannschaft den Zutritt verwehren wollten. Das klappte zwar nicht, aber der rechte Trupp wurde vor dem Brandenburger Tor von einer Antifa-Menge eingekesselt, nur die Polizei verhinderte Tätlichkeiten. Eine Anführerin der Blockierer war Wagenknechts enge Vertraute, die Bundestagsabgeordnete Sevim Dagdelen. Die Episode machte klar, dass es bei der Rechtsabgrenzung im Wagenknecht-Lager durchaus Unterschiede gibt (Lafontaine scheint dabei der Offenste zu sein) – aber im Zweifelsfall die Linksradikalen sich erlauben dürfen, einen harten Ausschließungskurs durchzusetzen, ohne dass die rote Diva einschreitet. Im Nachgang zur Demonstration kanzelte sie sogar ihren früheren Weggefährten, Diether Dehm, ab (»hat nicht alle Tassen im Schrank«), weil ein Interview von ihm in COMPACT erschienen war.

Trotz Wagenknechts verstärktem Anti-Rechts-Kurs fielen die Altparteien weiter über sie her. Die Bundestagsdebatte Anfang März 2023 geriet zum Scherbengericht. Ralf Stegner (SPD): »Wer sich nicht klar von Rechtsextremisten, Antisemiten und Reichsbürgern abgrenzt und nicht jede – ich meine, wirklich jede – Form der Zusammenarbeit verweigert, der steht nicht glaubwürdig für Frieden und der steht auch nicht links.« Alexander Dobringt (CSU): »Ich rate allerdings ausdrücklich jedem, darauf zu achten, wer bei einer Demonstration neben einem steht. Diejenigen, die sich hier öffentlich versammeln, sind doch schon längst diejenigen, die sich im Geiste einig sind. Das Hufeisen schließt sich, und Sahra Wagenknecht schürt das Feuer.« Jürgen Trittin (Grüne): »Wie kann jemand mit aufrechter linker Haltung zu einer Demo aufrufen, wenn ein Jürgen Elsässer ankündigt, dort mit nationalen Fahnen zu demonstrieren?«

In der Folge holten die Medien den ganz großen Hammer raus. »Kreml-Plan für deutsche Querfront?«, titelte die *Tagesschau* am 21. April. Weiter hieß es bei der ARD: »Der *Washington Post* liegen vertrauliche Dokumente vor, nach denen die russische Regierung gezielt Einfluss auf die Politik in Deutschland nehmen wollte – durch Unterstützung einer Anti-Kriegs-Allianz von Rechten und Linken.« In der *Berliner Zeitung* lautete die Überschrift: »Geheimdokumente: Kreml will Querfront aus AfD und Wagenknecht-Lager.« Im *Focus*: »Querfront für Deutschland«. Die *Süddeutsche Zeitung* prägte den grellsten Begriff. »Deutsche Kreml-Querfront«, so die Überschrift.

Das Ganze war heiße Luft, pure Propaganda. Die *Washington Post* gab zu: »Die Dokumente enthalten kein Material, das die Kommunikation zwischen den russischen Strategen und irgendwelchen Verbündeten in Deutschland aufzeichnet. (...) In den Dokumenten bleibt unklar, ob das Manifest [ein absurder Begriff in diesem Zusammenhang] jemals irgendjemanden in der AfD erreichte.« Wagenknecht ihrerseits erklärte dem US-Blatt gewohnt barsch: »Jede Kooperation oder Allianz« zwischen ihr und »Elementen der AfD in jedweder Form« sei ausgeschlossen.

In der Schlangengrube

Vor diesem Hintergrund wundert es nicht, dass der 25. Februar ein Strohfeuer war, das schnell verlosch. Die Rechten, die vorher von Wagenknecht angetan gewesen waren, wandten sich von ihr ab. In der eigenen Partei hatte sie über ihren bisherigen Wirkkreis hinaus keine neuen Mitstreiter gewonnen. Alice Schwarzer und andere bürgerliche Bündnispartner standen zwar bereit für weitere Demonstrationen – aber Wagenknecht scheute davor zurück. Denn wenn die Teilnehmerzahlen zurückgingen, wäre das ein schlechtes Menetekel gewesen. Hinzu kam: Der Krieg in der Ukraine ging zwar mit unverminderter Härte weiter – aber das öffentliche Interesse flaute ab. Andere Themen wie das Heizgesetz traten in den Vordergrund. Da außerparlamentarische Phantasie fehlte, wuchs in Wagenknechts innerem Zirkel die Versuchung, Vabanque zu spielen und auf den parlamentarischen Weg zu setzen: Eine Parteigründung wurde immer wahrscheinlicher.

Erster Schritt in diese Richtung war Wagenknechts Erklärung von Mitte März 2023, für die Linke nicht noch einmal zu kandidieren. Die Quittung folgte umgehend: Die Linkspartei stürzte in einer Insa-Umfrage auf vier Prozent ab. Im Karl-Liebknecht-Haus spielte man den Untergang der Titanic nach und entkorkte den Schampus trotz Eisberg in Sicht. »Reisende soll man nicht aufhalten«, jubelte die Partei-Vizechefin und Berliner Landesvorsitzende Katina Schubert. Thüringens Ministerpräsident Bodo Ramelow konnte es auch nicht schnell genug gehen: »Gründe deine Partei, aber dann mache es jetzt. Hör bitte auf, uns dazwischen noch die Beine zu stellen.« Auch der oben bereits erwähnte Bundesvorständler Luigi Pantisano wollte den Untergang forcieren: »Hätte Wagenknecht noch etwas Anstand, würde sie sofort austreten und ihr Mandat niederlegen.«

Ihr Dauer-Rivale Gregor Gysi verbarg seine Angst dagegen nur schlecht. Zwar behauptete er bei Markus Lanz: »Wenn sie den Weg geht, wird sie bei der Europawahl erfolgreich sein, vielleicht noch bei den Landtagswahlen im Osten im nächsten Jahr, aber nach meiner festen Überzeugung bei der Bundestagswahl 2025 nicht.« Er wolle »mit ihr reden und versuchen, es ihr auszureden«. Sollte sie dennoch »diesen Fehler« begehen, wolle er Mitglieder dafür gewinnen, »dass wir dann um die Linke kämpfen«. Denn: »Daran darf sie nicht sterben.« Mit anderen Worten: Auch er fürchtete schon damals, dass Wagenknechts Partei die Linke erledigen könnte. Ähnlich besorgt war der stellvertretende Parteivorsitzende Lorenz Gösta Beutin und bezeichnete sie als »Lady Voldemort«. Die entstammt dem Harry-Potter-Kosmos, gilt dort als mächtigste und gefährlichste Zauberin. Niemand wagt es, auch nur ihren Namen auszusprechen.

Flankierend kam Sperrfeuer aus den Medien, die das Image der Champagner-Linken reanimierten: Mit Nebeneinkünften von 792.961,43 Euro in den Jahren 2021 bis 2023 gehörte sie für den *Focus* »zu den absoluten Spitzenverdienern im Parlament«. Angeblich haben in der vergangen Legislaturperiode nur vier Abgeordnete mehr verdient. Tatsächlich ist die Summe immens, und auch gutgläubige Anhänger fragten sich, was sie mit dem vielen Geld – zumeist Tantiemen ihrer Bestseller – eigentlich macht. Allerdings ist es auch vorstellbar, dass sie damit eine Kriegskasse finanzierte, um eigene politische Vorstöße finanzieren zu können. Diese standen ja offensichtlich an.

Der Sommer der Entscheidung

Seit Oktober 2022, als Wagenknecht erstmals eine Parteigründung »nicht ausschließen« wollte, hatte sich die Politikerin bedeckt gehalten und laviert. Auf Nachhaken erinnerte sie an das Scheitern der »Aufstehen«-Bewegung 2018 und an organisatorische Probleme, wie sie ein ambitionierter Neustart immer mitbringt. Bei *Lanz* sagte sie noch im Sommer 2023 auf die Frage, warum sie noch nicht aus der Linken ausgetreten sei: »Wenn man etwas kaputt macht, dann sollte man das nur machen, wenn man weiß, dass man was Neues aufbauen kann.«

Aus dem inneren Kreis von Wagenknecht drang im Frühjahr 2023 durch, dass vor allem der riesige Finanzaufwand bei einem Wahlantritt schrecke, daneben aber auch eine mögliche Überflutung der Neugründung durch »Glücksritter, Schwadroneure und Sektierer«. Und wie könne man »rechte Unterwanderer« rechtzeitig erkennen? Die Argumente gingen hin und her.

»Erst Anfang Juli setzte sich der Kurs durch: Ja, wir machen das jetzt«, so ein Insider.

Zwei miteinander verbundene Entwicklungen hatten den Ausschlag gegeben: Zum einen stieg die AfD in Umfragen immer höher. Sie überholte zu Jahresanfang bereits die Grünen, dann auch die SPD. Seit Frühsommer standen die Blauen mit 21 bis 23 Prozent bundesweit auf dem zweiten Platz. Im Osten waren sie schon länger stärkste Partei, in Thüringen und Sachsen waren sie im Juli auf 34 beziehungsweise 35 Prozent geklettert. Die Rechten, so schien es zumindest, stiegen auf der Woge der generellen Unzufriedenheit mit der Ampel-Regierung immer höher, unaufhaltsam.

Vor diesem Hintergrund wandelte sich die Stimmung in Teilen des Establishments gegenüber einer neuen linken Kraft. Der *Spiegel* erklärte seinen Lesern, warum »Sahra Wagenknecht mit der Gründung einer neuen Partei der AfD schaden und der Demokratie nutzen könnte«. Auch *Watson* stilisierte sie zur Retterin, »die der AfD in die Suppe spucken« könne: »Die AfD befindet sich im Umfrage-Hoch. Sie profitiert vom Krisenfrust der Deutschen und der zerstrittenen

Ampel-Regierung. Doch Sahra Wagenknecht könnte den Höhenflug stoppen.« Wagenknecht als Katechon, die das Kommen des Anti-Christen aufhält. So absurd es klingt: Innerhalb weniger Wochen drehte sich ihr Image um 180 Grad: Von der gefürchteten Anführerin oppositioneller Querfrontler zur Retterin des Establishments.

Ein regelrechter Game Changer für die Neugründung waren Umfragen von Mitte Juli. Zum ersten Mal wurde dabei die Wagenknecht-Partei, die es noch gar nicht gab, zur Auswahl angeboten. Eine Insa-Umfrage sah sie mit 25 Prozent als stärkste Kraft in Thüringen, wo im September 2024 Landtagswahlen anstehen. Die AfD würde in diesem Modell ein Drittel ihrer Punkte verlieren und auf 22 Prozent absacken. »Wagenknecht-Partei würde Höcke schlagen«, freute sich der *Münchner Merkur*. Aber der Hype betraf nicht nur den Freistaat: Als Bundestrend ermittelte *Der Spiegel* 24 Prozent, *Bild* 15 Prozent. Das Springer-Blatt freute sich: »Bei der AfD könnte Wagenknecht besonders üppig wildern, würde die Rechtspopulisten 23 Prozent ihrer Stimmen kosten.« Auffällig ist ohnedies, dass *Bild* über den

Sommer einen regelrechten Narren an der roten Diva gefressen zu haben schien, oft mit Informationen als erstes auf den Markt kam. Wurde der Boulevard von Wagenknecht oder aus ihrem Umfeld gefüttert?

Überschreitung des Rubikons

Schon vorab war gemunkelt worden: Die Landtagswahlen in Hessen und Bayern am 8. Oktober 2023 würden hopp oder top bedeuten. Falls die Linke erneut im Freistaat scheiterte und zusätzlich auch aus dem Landtag in Wiesbaden flöge, würde Wagenknecht unmittelbar zur Tat schreiten.

So kam es dann auch, obwohl man sich noch zwei Wochen Zeit ließ. Am 23. Oktober stellte die Politikerin ihren Verein »BSW – Für Vernunft und Gerechtigkeit« auf der Bundespressekonferenz vor. Dieser soll die Gründung der Partei – deren endgültiger Name wurde noch nicht genannt – zu Jahresanfang vorbereiten. Das zweistufige Vorgehen schien klug, denn so konnte man alle notwendigen Strukturen schaffen, um einen geordneten Gründungsparteitag abzuhalten. Außerdem gab es wohl finanztechnische und steuerliche Gründe, die eine Verschiebung auf 2024 notwendig machten.

Als die rote Retterin am 23. Oktober zur Pressekonferenz lud, wirkte sie erschöpft wie zuletzt vor dem Burnout. Aufgequollene Augenringe und aufgedunsene Wangenpartien konnte auch fette Schminke nicht kaschieren. War in der Nacht zuvor feucht-fröhlich gefeiert worden? »Wer sie kennt, weiß, dass sie selten Alkohol trinkt«, sagte ein Vertrauter. Auch ihre Stimme stockte zuweilen. Sie spulte ihre Standards ab und sagte viele richtige Dinge, aber das Feuer fehlte. Woher die schlechte Form an einem derart wichtigen Tag? Hatte es im Vorfeld Streit gegeben um die Besetzung des Podiums bei der Pressekonferenz?

Was auffiel: Kein weiterer Star saß am Tisch außer ihr. Man beschränkte sich, mit Ausnahme des parteilosen Unternehmers Ralph Suikat, der

Schatzmeister werden soll, auf linke Funktionäre und Abgeordnete aus der zweiten Reihe. Nicht einmal die bekannte Wissenschaftlerin Ulrike Guérot, die bereits als Spitzenkandidatin für die EU-Wahl im Juni 2024 gehandelt wurde, trat auf, und keiner der Promi-Unterstützer der Friedensdemo vom 25. Februar.

Amira Mohamed Ali, Wagenknechts Nachfolgerin als Fraktionsvorsitzende im Bundestag und frischgebackene Chefin des BSW, zerstörte die letzten Querfront-Illusionen: Der Wechsel eines AfD-Mitglieds ins BSW sei »unvorstellbar«. Das »wird es nicht geben, das werden wir auch nicht erlauben«. Die Deutsch-Ägypterin ist bislang noch nicht durch Äußerungen abseits des linken Mainstreams aufgefallen. Ganz im Gegenteil! 2019 erklärte sie in einem Interview für Tilo Jungs Video-Format *Jung und Naiv*: »Ich bin generell gegen Abschiebung. Keine Abschiebungen nach Afghanistan, keine Abschiebungen nach Syrien, gar nichts.« Dass die *Bild* noch zwei Tage zuvor das Projekt als »AfD von links« apostrophierte, was wie ein geschickter Abwerbeversuch des blauen Klientels wirkte, griff Wagenknecht nicht auf. Das war wohl zu populistisch. Auch die wunderbaren Sottisen gegen die woke Blase und die grüne Bionade-Bourgeoisie aus ihrem Buch *Die Selbstgerechten* ließ sie komplett weg.

Der einzige Akzent, der für ein Medienecho sorgte, war ihre Bezeichnung des Gaza-Streifens als »Freiluftgefängnis«, gefolgt von ihrem Bekenntnis zur Zweistaatenlösung. Die Strafe der *Bild* folgte auf dem Fuß: Nachdem am 23. Oktober zunächst ein neuer Insa-»Umfrage-Hammer« mit bundesweit zwölf Prozent für das BSW publiziert worden war, veröffentlichte das Blatt am Folgetag eine Forsa-Expertise, wonach ein Scheitern an der Fünfprozenthürde wahrscheinlich sei. Nur zwei Prozent wollten demnach Wagenknecht in den alten Bundesländern sicher ihre Stimme geben. Und im Begleitartikel titelte das Blatt schon wieder wie vor der Sommerwende: »Wagenknecht oder Weidel – Wer ist gefährlicher für unseren Wohlstand?« War der Flirt zwischen den Springer-Leuten und der roten Diva schon wieder vorbei, bevor er richtig angefangen hatte?

Vor diesem Hintergrund war ihr Verzicht auf Schärfen bei der Vorstellung des BSW vielleicht gar nicht so unklug. So fanden die Medien wenig zum Zubeißen – und inhaltlich nachlegen kann man ja immer noch. Außerhalb der Boulevardpresse war das Echo auf die Veranstaltung jedenfalls neutral bis freundlich. Die *Neue Osnabrücker Zeitung* zum Beispiel lobte: »Wagenknechts Analyse der aktuellen politischen Lage trifft den Nerv vieler Menschen. Sie greift die Sorgen der kleinen Leute auf, die Angst um ihren Job oder vor zu viel Migration haben. Mit ihrer geschickten Mischung aus linker Sozialpolitik und härterer Flüchtlingspolitik spricht sie viele an.«

Bleibt die Frage, warum die Hoffnungsträgerin der »kleinen Leute«, unabhängig von den Inhalten, sich an diesem Tag so steif präsentiert hat, so wenig volksnah. Benedikt Kaiser merkte dazu auf der *Sezession* richtig an: »Wagenknecht wählt (…) das spießig-biedere Ambiente der Bundespressekonferenz. Wenn es ihr um den Industriearbeiter, die Pflegerin und den Solo-Selbständigen geht, der aufgrund der (zweifellos) verfehlten Ampel-Misswirtschaft darbt – wieso sucht sie nicht das Bad in der Menge? Wieso gründet man die Partei nicht in einer alten Fabrik, vor speziellem Publikum, als Anti-Partei zu den Parteien des Establishments?«

Aber vielleicht lassen ihr Charakter, ihre biografische Prägung, ihre Verletzungen in der Vergangenheit ein derart unbeschwertes Aufspielen gar nicht zu. Ein Insider sagte es so: »Sie war an diesem Tag nicht in Topform. Aber das ist nicht entscheidend. Der Anfang ist gemacht, die Partei ist aufs Gleis gesetzt, und die Schienen führen bis zum Horizont.«

Ausblick

Inszenierung und Bewährung

Was wird die rote Diva in Zukunft machen? Vor allem wird sie eine rote Diva bleiben. Sie muss ihr zeitloses Bildnis bewahren, wie es Marlene Dietrich bewahrt hat. Sie darf nie abweichen von der Ikonographie, die sie erfolgreich geschaffen hat. »Wenn ich nicht tanzen kann, will ich eure Revolution nicht«, soll die russische Anarchistin Emma Goldmann gesagt haben. Bei Wagenknecht würde es heißen: »Wenn ich nicht Chanel tragen kann, bin ich bei der Revolution nicht dabei.« Vermutlich geht es ihr nicht vorrangig um persönlichen Reichtum, sie ist keine Rafferin und lässt sich auch nicht kaufen. Es ist eine Frage des Stils, und der ist eben kostspielig. Auf den Barrikaden wird man sie nie sehen. Sie wird auch nicht andere auf die Barrikaden schicken.

Denn: Sie ist ein Kind der DDR, des preußischen Sozialismus. Der wurde nicht nicht von unten erkämpft, sondern von oben eingepflanzt, von der sowjetischen Besatzungsmacht. Ziel der Umgestaltung war »das Wahre, Gute und Schöne« aus Goethes Postulat, wobei letztlich die SED den Maßstab definierte. Wagenknecht ist sicher keine Stalinistin mehr, aber auch als angelernte Sozialdemokratin teilt sie das Dogma der linken Klassiker: Die Partei hat immer recht. Aus diesem Grund hielt sie ihrer angestammten Partei, der SED-PDS-Linken, die Treue bis über die Schmerzgrenze hinaus, bis zu ihrem gesundheitlichen Zusammenbruch. Und aus demselben Grund tut sie sich mit dem Aufbau einer eigenen Partei so schwer: Sie vertraut auf die von der SED und deren Erbverwalter Peter Hacks gepflegten Illusion, dass sich eine Avantgarde aus der Masse bilde und dadurch deren authentischer Ausdruck sei. In Wahrheit aber wurden die KPs nach dem Führerprinzip aufgebaut, streng hierarchisch, und nur so hatten sie zeitweise Erfolg. Als Gorbatschow mit Perestroika und Basisdemokratie begann, krachte der Laden binnen Kürze zusammen. Wagenknecht aber weigert sich, als Führerin aufzutreten. Sie glaubt an das Kollektiv, das im Sozialismus beschworen wurde, obwohl immer Ulbricht oder Honecker entschieden – und letztlich der Herrscher im Kreml. Jedenfalls: Ihr Projekt kann nicht reüssieren, wenn sie die Direktiven über Talkshow-Auftritte vorgibt. Sie müsste in die Niederungen des Fraktionskampfes hinuntersteigen, müsste parteiinterne Widersacher sanktionieren, wegbeißen, ausschließen. Aber das widerspricht ihrem Charakter. Sie ist nicht robust genug, scheut die Konfrontation Auge in Auge. Ihr Sozialismus soll wie im Märchen kommen. So bleibt sie die Geisel des Kollektivs, mit dem sie ihre neue Partei aufgebaut hat – und dieses Kollektiv ist nicht so klug wie sie, linksdogmatischer als sie. Kurz und gut: Eine Diva kann keine Partei führen.

Die Stunde der Wahrheit für Wagenknecht kommt spätestens mit den Landtagswahlen im Osten. Wie verhält sich ihre neue Partei, wenn sie das Zünglein an der Waage ist – also wenn weder die AfD noch der Block der Altparteien eine absolute Mehrheit bekommen und sie nur entweder der einen oder der anderen Seite zur Macht verhelfen kann? Der Antifaschismus, den sie von Kind auf gelernt hat, wird ihr bei dieser Alternative keine Hilfe sein – denn zuvörderst stünde ja die Frage, ob der heutige Faschismus in Blau oder in Grün daherkommt. Ihre Entourage wird ihr sicher die Formel vorgeben, Höcke sei Hitler. Dann kommt es auf ihre eigene Intelligenz an. Immerhin, diese ist bedeutend. Man darf auf eine Überraschung hoffen. Aber die Entscheidung fällt letztlich nicht im Kopf, sondern im Bauch – dort, wo die Lebenserfahrungen verknotet sind. Der Schlaf der Vernunft gebiert Ungeheuer, sagte Goya.

Chronologie

Wichtige Stationen in Sahra Wagenknechts Leben.

1969 Geboren am 16. Juli in Jena.

1976 Umzug nach Ost-Berlin (Prenzlauer Berg), Einschulung.

1979 Wohnungswechsel nach Berlin-Marzahn.

1988 Abitur an der Erweiterten Oberschule (EOS) »Albert Einstein« in Marzahn.

1989 Eintritt in die SED. Fall der Mauer.

1990 Studium der Philosophie und Neueren Deutschen Literatur an der Friedrich Schiller Universität (Jena), der Humboldt Universität« (Berlin) sowie in Groningen (Niederlande) – bis 1996.

1991 Mitglied des Parteivorstandes der PDS – bis 1995.

1992 Erster großer Skandal durch den Artikel »Marxismus und Opportunismus – Kämpfe in der sozialistischen Bewegung gestern und heute« in der der Zeitschrift *Weißenseer Blätter*.

1995 Uraufführung des Dramas *Genovefa*, verfasst 1993 von Ihrem Freund und Mentor Peter Hacks. Für den Charakter Schmerzensreich diente sie als Vorbild.

1997 Heirat mit Ralph Thomas Niemeyer in Weimar. Abschluss als Magistra Artium mit der Studie »Vom Kopf auf die Füße? Zur Hegelkritik des jungen Marx, oder: Das Problem einer dialektisch-materialistischen Wissenschaftsmethode«.

1998 Direktkandidatin der PDS zur Bundestagswahl in Dortmund.

2004 Einzug ins Europaparlament – Abgeordnete bis 2009.

2005 Beginn des Promotionsstudiums der Volkswirtschaft.

2007 Fusion von PDS/Die Linke mit der WASG. W. im Vorstand der neuen Partei Die Linke (bis 2014).

2008 Weltwirtschaftskrise durch Pleite von Lehman Brothers. Noch im gleichen Jahr erscheint *Wahnsinn mit Methode. Finanzkrise und Weltwirtschaft*.

2009 Bundestagswahl. W. gewinnt ein Mandat über die Landesliste NRW.

2010 Wahl zur ersten stellvertretenden Vorsitzenden der Bundestagsfraktion.

2011 Ihr Buch *Freiheit statt Kapitalismus. Wie wir zu mehr Arbeit, Innovation und Gerechtigkeit kommen* erscheint. Darin präsentiert sie ihr Modell von der Erneuerung einer sozialen Marktwirtschaft durch den »kreativen Sozialismus«.

2012 Promotion zum Dr. rer. pol. in Wirtschaftswissenschaften. Thema *Die Grenzen der Wahlfreiheit. Sparentscheidungen und Grundbedürfnisse in entwickelten Ländern.*

2013 Bundestagswahl: Erneuter Einzug über die Landesliste NRW. Scheidung von Ralph T. Niemeyer.

2014 Heirat mit Oskar Lafontaine.

2015 Co-Vorsitzende der Linken-Fraktion im Bundestag (bis 2017).

2016 Forderung W.s, straffällige Asylbewerber abzuschieben. Scharfer Streit in der Bundestagsfraktion.

2017 Bundestagswahl: Erneuter Einzug über die Landesliste NRW.

2018 Gründung der Sammlungsbewegung »Aufstehen«.

2019 Burnout. Rückzug von »Aufstehen«. Ankündigung, nicht mehr für den Fraktionsvorsitz im Bundestag zu kandidieren.

2020 Ausrufung der Corona-Pandemie. W. äußert sich regelmäßig kritisch gegenüber den Lockdown-Maßnahmen und insbesondere gegenüber der Impfpflicht.

2021 Bundestagswahl: Erneutes Abgeordneten-Mandat. Zuvor hatte sie das Buch *Die Selbstgerechten* publiziert. Verstärkte Rufe nach Fraktionsausschluss.

2022 Im Oktober bekundet W. erstmals, eine Parteigründung nicht auszuschließen.

2023 Gemeinsam mit der Frauenrechtlerin Alice Schwarzer: Veranstaltung einer Friedensdemonstration am Brandenburger Tor. Öffentliche Erklärung, nicht mehr für die Linke zu kandidieren. 23. Oktober: Pressekonferenz zur Vorstellung des Vereins BSW und Ankündigung der Gründung einer eigenen Partei zu Jahresbeginn 2024.

Bibliographie (Auswahl)

Bücher und Schriften von Sahra Wagenknecht

Antisozialistische Strategien im Zeitalter der Systemauseinandersetzung. Zwei Taktiken im Kampf gegen die sozialistische Welt. Pahl-Rugenstein, Bonn 1994.

Zu jung, um wahr zu sein? Gespräche mit Sahra Wagenknecht. Interview-Band von Hans-Dieter Schütt. Dietz, Berlin 1995.

Die PDS zwischen Antikapitalismus und Sozialdemokratie. Diskussionsbeitrag auf der Bundeskonferenz der Kommunistischen Plattform der PDS am 25./26. Februar 1995 (Rote Hefte. H. 2). JUKO, Hamburg 1995.

Mit Jürgen Elsässer: *Vorwärts und vergessen? Ein Streit um Marx, Lenin, Ulbricht und die verzweifelte Aktualität des Kommunismus.* KVV Konkret, Hamburg 1996.

Mit André Brie, Reiner Oschmann: »Wie macht sich die PDS nicht überflüssig?« ND im Club – Streitgespräch – Ein Tonbandprotokoll. Neues Deutschland, Berlin 1996.

Vom Kopf auf die Füße? Zur Hegelkritik des jungen Marx, oder: Das Problem einer dialektisch-materialistischen Wissenschaftsmethode. Pahl-Rugenstein, Bonn 1997.

Kapital, Crash, Krise ... Kein Ausweg in Sicht? Fragen an Sahra Wagenknecht. Pahl-Rugenstein, Bonn 1998.

Mit Gerhard Zwerenz: *Die grundsätzliche Differenz. Ein Streitgespräch in Wort und Schrift.* Dingsda, Querfurt 1999.

Die Mythen der Modernisierer. Dingsda, Querfurt 2001.

Kapitalismus im Koma. Eine sozialistische Diagnose. Edition Ost, Berlin 2003.

(Hrsg.) *Aló Presidente. Hugo Chavez und Venezuelas Zukunft.* Edition Ost, Berlin 2004.

(Hrsg.) *Armut und Reichtum heute. Eine Gegenwartsanalyse.* Edition Ost, Berlin 2007.

Wahnsinn mit Methode. Finanzkrise und Weltwirtschaft. Das Neue Berlin, Berlin 2008.

Freiheit statt Kapitalismus. Wie wir zu mehr Arbeit, Innovation und Gerechtigkeit kommen. Eichborn, Berlin 2011.

Freiheit statt Kapitalismus. Über vergessene Ideale, die Eurokrise und unsere Zukunft. 2., erweiterte Auflage. Campus, Frankfurt am Main 2012.

Kapitalismus, was tun? Schriften zur Krise. Das Neue Berlin, Berlin 2013.

The Limits of Choice. Saving Decisions and Basic Needs in Developed Countries. Campus, Frankfurt am Main 2013 (Dissertation, englisch).

Reichtum ohne Gier. Wie wir uns vor dem Kapitalismus retten. Campus, Frankfurt am Main 2016.

Couragiert gegen den Strom. Über Goethe, die Macht und die Zukunft. Nachgefragt und aufgezeichnet von Florian Rötzer. Westend Verlag, Frankfurt am Main 2017.

Die Selbstgerechten. Mein Gegenprogramm – für Gemeinsinn und Zusammenhalt. Campus, Frankfurt am Main 2021

VON WAGENKNECHT
BIS HÖCKE
WARUM LINKE UND RECHTE ZUSAMMENKOMMEN MÜSSEN, OBWOHL SIE SO UNTERSCHIEDLICH SIND.
MANFRED KLEINE-HARTLAGE
QUERFRONT!
DIE LETZTE CHANCE DER DEUTSCHEN DEMOKRATIE
VERLAG DER 300
224 Seiten
€ 12,90
Hardcover im Pocketformat
oto: Sven Teschke, CC BY-SA 3.0 de, Wikimedia Commons
www.verlag-der-300.de